U0942238

聖經通識叢書

希伯來書、大公書信與啟示錄要領

張略、黃錫木著

基道出版社

▼

聖經通識叢書

希伯來書、大公書信與
啟示錄要領

The Essentials of the Bible
Hebrews, Catholic Epistles and Revelation

作者
張略 Cheung, Luke L.、黃錫木 Wong, Simon S. M.

責任編輯
許寶瑩、吳國雄

裝幀設計
奇文雲海．設計顧問

■

出版／發行
基道出版社
香港沙田火炭坳背灣街 26 號富騰工業中心 10 樓 1011 室
LOGOS PUBLISHERS
Unit 1011, 10/F, Fo Tan Ind. Centre, 26 Au Pui Wan St., Shatin, Hong Kong
電話：(852) 2687-0331　傳真：(852) 2687-0281
網址：https://www.logos.com.hk

承印
雅聯印刷有限公司

●

4/2010 初版
Cat. No. LP174A
ISBN: 978-962-457-396-1

Printed in Hong Kong

頁 16、52 圖片下載自：http://www.holylandphotos.org，承蒙允許使用。
頁 36 圖片下載自：http://commons.wikimedia.org (The James ossuary was on display at the Royal Ontario Museum from November 15, 2002 to January 5, 2003)。
經文取自《聖經》「新標點和合本」（上帝版）及《新約全書——和合本修訂版（上帝版）》，版權為香港聖經公會所有，蒙允許使用。
承蒙真理華人文字事工提供資源，支持許寶瑩審閱、編輯、校對工作，謹此致謝。

刷次	13	12	11	10	9	8	7	6	5	4
年份	2033	2032	2031	2030	2029	2028	2027	2026	2025	2024

經書卷要領——新約系列

出版研經工具書的主要目的，是要將上帝的話語向現代人闡明，讓一羣愛好研讀聖經的信徒得到適切指引。近代聖經研究無疑對於這項工作提供莫大幫助，可惜學者採用的語言往往晦澀難明，使信徒望而卻步。「聖經通識叢書」的出版，試圖作為兩者的橋梁，將那些看來深奧的學術理論，化成顯淺的文字，兼且提供生活應用的思考問題，讓上帝藉着聖經向我們説話。

「聖經書卷要領」是「聖經通識叢書」的進階課程，將新舊約聖經不同書卷分類，每類別各出版一本要領，舊約包括：五經、歷史書、詩歌智慧書、先知書共計 4 本。現已出版的有《舊先知書要領》。新約部分已出版的有：《耶穌生平與福音書要領》、《使徒行傳與保羅書信要領》，而《希伯來書、大公書信與啟示錄要領》則是新約部分最後一本。這個系列有別於屬基礎性的《聖經鳥瞰——基礎篇》和《聖經鳥瞰——進深篇》，以及對每卷書作專門探討的「聖經書卷析讀」。前者介紹整體聖經史地、文化、正典形成、譯本等背景資料，後者則近乎一本釋經書，對有關書卷進行逐段解釋。但「鳥瞰」與「析讀」兩者之間仍然需要一中間層次的著作，針對每一書卷類別，按其文學格式、歷史背景，以及神學主題作出提綱挈領的分析，又從每書卷中挑選具代表性的經文及課題加以討論。此外，本書亦加插專題討論，而讀者亦可以透過每課結尾時加插的溫習及思考問題，進一步思考及理解每卷書的內容。編者期望藉著這一系列各類聖經書卷的介紹，讓信徒能跨過學術門檻，得以認識近代華人學者對聖經不同類別書卷的整體研究，成為他們掌握這些書卷的入門。

本書採用的聖經經文，除特別標明外，均引自《和合本修訂版》（以下簡稱

《和修》），並且凡經文引自本書討論中的書卷，無論是一段、其中的短語或字詞，皆以「標楷體」標示。

值得一提的是，啟示錄雖屬天啟文體類別，但由於全書結合了書信和天啟文體的表達技巧，整體仍可歸為書信類，因此將其列入此書一併論述。而希伯來書則未列入大公書信，因為這卷書雖然在風格上近似大公書信，但內容卻與保羅書信的傳統有所連繫，故獨立談論此書，而不將之歸類為大公書信。

最後，深盼本系列叢書之出版，能培養信徒對追求聖經真理的認真和熱誠，並使他們能在真理的基礎上對自己的信仰有更深層的和謙卑的反省。

從不敢面對新的真理的懦弱，
從滿足於對真理一知半解的懶惰，
從自以為通曉一切真理的驕傲，
噢，真理之主，拯救我們！

——古代禱文

序言

本書所涉獵的聖經書卷置於新約聖經的最後部分，某程度上，這些書卷均享有某些共同特色。

在寫作日期方面，大多數書卷的成書日期較晚，但有不少學者認為雅各書與所謂的保羅「主要書信」（指哥林多前書、哥林多後書和羅馬書）均寫於相近的時期。在作者方面，這組別中有不少書卷的作者問題依然存疑，就算在早期教會，教父（教會學者）們也持不同意見。在新約正典的成典過程，新約聖經中最具爭議性的兩卷書亦是來自這組別，即希伯來書和啟示錄：以希臘語為主的東教會（Eastern Church）一直視希伯來書為保羅書信的一部分，反而對啟示錄的天啟奧祕信息有所保留；以拉丁語為主的西教會（Western Church）既對希伯來書作者的身分存疑，也就未能完全確認這書的權威，反而認同啟示錄的權威。在寫作處境方面，這些書卷所反映的教會處境是相當多元化的，有別於我們從保羅書信中所認識的初代教會。

正正是這樣的多元化處境，這 9 卷書的信息成為新約聖經中不可或缺的一部分。試想：倘若我們的聖經缺少了啟示錄或希伯來書，那將會是基督教聖經的一大破口。

有關本書的書名，也許是需要作一點解釋的。自早期教會時期，新約書信類別就可分成三個「七」的組合：保羅書信佔了兩個「七」，共 14 本，包括希伯來書；而第三個「七」就是其他的書信。早期教會的著名史家優西比烏在其《教會歷史》（*Historia Ecclesiastica* 2.23.24～25）中首次用「大公書信」（或譯「普通書信」）這名稱作為這 7 卷書的統稱，他更可能是首創這統稱的人。「大公」一詞原來是指「為一般信徒而寫的」。此外，除希伯來書外，教會的傳統對 7 封大公書信的命名，都是以作者（傳統上所認為的作者）的名字（與福音書一樣）命名的。值得留意的是，現時中文聖經的編排是將大公書信置於保羅書信之後，這是按照英語或拉丁語聖經的排列方式，這也是沿襲自西教會的傳統，但傳統的東教會則把大公書信置在福音書和保羅書信之間。雖然，今天學術界也有基於方便為由而把希伯來書歸納為「普通書信」類別的，但本書則保留對「大公書信」這傳統之界定方式（只包括 7 卷書），並把希伯來書獨立開來。

「聖經通識叢書」自構思的初步階段出版至今，都深受教會信徒、牧者和神學生愛戴，這實在值得感恩。如今，《希伯來書、大公書信與啟示錄要領》面世，終完成了新約書組的簡述（聖經書卷要領）。我們誠意把這書推介給華人教會。

本書由兩位聖經學者合著，雖然各自的背景不同、看法不同，但均抱相同理想，就是深入淺出地把聖經研究的心得獻予教會，讓信徒能更深入了解聖經的信息。在上帝的帶領下，人能放下自己的執著，合作是可行的、美好的。

多謝基道出版社的編輯和製作同工，特別是許寶瑩姊妹的統籌工作，使這書能順利出版。

但願這書能夠使我們更體驗主耶穌基督的榮美和這些書信的信息的真實性。

張略、黃錫木

2010 年 2 月 8 日

錄

專欄目錄

第一部分

希伯來書

若按體裁分類，新約書卷主要可分為歷史書（4卷福音書與使徒行傳）及書信兩大類。雖然啟示錄的內容屬天啟文體類，但由於全書結合了書信和天啟文體的表達技巧，整體看可將它歸為書信類。

新約的書信可說是一類獨特的書卷。內容主要寫給當時的教會或信徒——有的是指特定的受書人或地方教會，也有的是指當時普遍信徒，針對他們在信仰上及生活上所遇到的問題，提出指引和教導，期望當時的信徒可以在耶穌基督的真道上站穩。

若不把啟示錄計算在內，新約聖經共有21卷書信。若按作者分類，可分為兩大類：

- 保羅書信類：大部分學者認為是出自使徒保羅的手筆（又或包含保羅神學思想），其中有羅馬書、哥林多前書、哥林多後書、加拉太書、以弗所書、腓立比書、歌羅西書、帖撒羅尼迦前書、帖撒羅尼迦後書、提摩太前書、提摩太後書、提多書和腓利門書。
- 大公書信（又稱「普通書信」）：除希伯來書的作者較具爭議性外，這些書信都不是保羅寫的，其中有雅各書、彼得前書、彼得後書、約翰壹書、約翰貳書、約翰叁書和猶大書。

早期教會很多教父都認為希伯來書是保羅所寫的。這書信曾提及提摩太，並且表明他與作者在事奉上的關係，而提摩太與保羅關係密切（來十三23）。有聖經抄本按書卷長短排列的原則把希伯來書置於羅馬書之後，但若以本書特性的共通點來說，它更類同於大公書信。因此，自《英王詹姆斯譯本》（King James Version）起，所有聖經的書卷排列都把這書置於保羅書信之最後。本書無論是作者的身分、寫作地點及日期，以及受書人身處的地方等，都不容易確切肯定，但這沒有妨礙本書在信仰上的權威性；在新約書信中，本書以其強而有力的辯辭、極嚴厲的警告，並以基督為天上的大祭司這獨特的宣講見稱。

第一章

希伯來書概述

- 寫作背景和目的
- 希伯來書內容

1.1. 寫作背景和目的

「從意大利來的人」的希臘文(*hoi apo tēs Italias*)可直譯作「那些從意大利來的人」,或「那些屬意大利籍的」(參《呂振中譯本》)。

本書卷末的問安語「**從意大利來的人也向你們問安**」(十三24)這一短句,也可以指作者和這些在意大利的人寫信向讀者問安,那麼受書人就是在意大利以外的地方。但按這解釋,作者大可說「在意大利與我一起的人」(參加二3「跟我同去的提多」的「跟我同去」希臘文是 *sun emoi*);而且,希伯來書這短句所用的前置詞是「從」(*apo*),而不是「在」(*en*),這或許可以指出它的意思是「從」意大利來的人,而不是「在」意大利的人。若句子帶著「從」的意思,這已表明作者未必身處意大利。因此,較為合理的理解是將這句說話看為:作者身處意大利之外的地方,有從意大利的人到訪,與作者一起向收信人問安。不過,仍有不少學者認為本書的收信人身處意大利,而作者曾與收書人屬同一處的教會,但作者現不在意大利,故此受書人亦有可能指居於意大利的信徒。「意大利」在此指羅馬城及其附近的地方。

這書可能不只針對一個問題而寫,從書信的內容可推斷受書人可能面對著兩方面的壓力。首先有來自教外人的壓力。作者屢次描述受書人曾受到迫害及公開的侮辱,甚而遭暴力對待(十32～34,十二4),這些迫害不只從社會羣體,亦可能從政權而來。當時不少刑罰是公開進行的,以收警惕之效,因此作者形容他們成了「戲景」,叫眾人觀看(十33),他們有被充公財物(十34),也有被收監的(十32,十三3)。在這外來沉重的壓力之下,信徒若感覺氣餒,實不足為奇。在這情形下,作者屢次鼓勵讀者要憑信心奮力向前,因為要走完上帝要求他們走的路,是需要付上很大的忍耐和勇氣的,正如耶穌曾完成上帝的旨意,付上自己的生命一樣(五7～8,十9,十二1～12)。

要明白羅馬城基督徒所面對的困難，就必須了解初期羅馬教會發展的歷史。我們對羅馬教會的建立，所知不多。根據羅馬的史學家綏屯紐（Suetonius；約公元 70～122 年）的記載，當克勞第（Claudius）在位的時候（公元 49 年），猶太人因為一位稱為 *Chrestus* 的人，經常引起爭執。學者相信所指的是「基督」，此事相信是反映當時羅馬城的猶太裔基督徒的福音工作相當蓬勃，得到不少支持，因而引起猶太教徒不滿，激起糾紛。此事卻引起羅馬政府關注，當時的羅馬皇帝克勞第更頒布命令，將部分猶太人（包括猶太裔基督徒與猶太教徒）驅逐出城。猶太教徒認為自己是被基督徒連累，對他們的反感就更大，因而不再容許猶太裔基督徒在會堂中聚會。於是，猶太教信徒與猶太裔基督徒的缺裂和對立，便日趨白熱化，彼此劃清界線。百基拉和亞居拉也是在此時離開羅馬城到馬其頓去的（徒十八 1～2）。

然而在猶太裔基督徒中間，仍有眷戀著過往在猶太會堂之下所享有的種種權利，包括可以名正言順的不需要敬拜任何君王，因為猶太教是羅馬政權下所承認的合法宗教，他們可以自由地到會堂敬拜。從公元 1 世紀羅馬會堂的銘刻中，我們可以知道當代的會堂的活動，得到不少社會上的達官貴人的支持，富裕的猶太人亦透過會堂賙濟那些較為貧窮的成員。作為一個不再在會堂中敬拜的猶太裔基督徒，會喪失這些權利，並且再不能藉著那些支持猶太教的達官貴人，在行商時得到利益。在那些曾被逐出羅馬城的猶太裔基督徒當中，有些會因動亂和被逐而蒙受經濟和物質上的損失（參來十 34）。當他們回到羅馬城要重新建立他們的事業時，需要透過社會上有地位的朋友幫助，而會堂的關係網絡，是最方便和最快捷的途徑；因此，若脫離會堂，他們便會失去很多機會，甚而難以重拾昔日的社會地位。這可能是希伯來書所指出的，即為何勸勉信徒「不可貪愛錢財，要以自己所有的為滿足」（十三 5），並且警告說，不要像以掃般貪戀世俗，「因一點點食物把自己長子的名分賣了」（十二 16），但卻要像摩西「長大了不肯稱為法老女兒之子。他寧可和上帝的百姓一同受苦，也不願在罪中享受片刻的歡樂」（十一 24～25）。

羅馬教會的羣體所受的壓力，不只是外在的。那些被趕出羅馬城的猶太裔基督徒，在回歸羅馬城的時候，發現羅馬教會已經與他們離開之時不同，整體起了重大變化。非猶太裔信徒的人數迅速增長（參羅一 8，十一 13、18），原本以猶太裔信徒為主的教會，現變成以外邦信徒為主了。況且，時勢也不容許他們的教會與猶太會堂有任何聯繫，而以外邦信徒為主的教會，也不再遵守猶太教任何潔淨和食物的規例。原有教會的教制可能也受到影響，漸漸脫離原先仿效會堂的模式，而且，在信仰上可能更偏向於保羅所傳使人自由的福音。這益發使回歸羅馬城的猶太裔基督徒感到格格不入，有些更漸漸疏遠在家中聚會的教會，並萌生回歸猶太教的念頭。其中有些傾向於猶太教的猶太裔信徒回歸羅馬後，與他們所屬之家庭教會的領袖在潔淨之禮的意見上，出現了嚴重分歧（十三 17～18）。

為要處理教會內部出現的矛盾，作者指出那以利未的祭司制度為中心的舊約已經過去，信徒必須與時並進，不應戀棧這些過時的規範；基督作為天上大祭司，已一次過獻上贖罪祭，解決了人的罪的問題（七 1～十 18）。作者嚴厲地警告受書人，絕不可背棄基督的信仰（二 3，三 12，六 4～6，十 29），不應重投猶太教的陣營（十三 13）。縱然這可能招致他們在物質或名譽上蒙受損失，社會地位被邊緣化，受人奚落及侮辱（參十一 25～26），甚而因這信仰失去自由或生命（十 34，十三 3），但他們若存信心和勇敢的心，堅持到底，必能得著所應許的（三6，四11，六12，十23、35～36，十一35～40），不然所蒙受的損失將會更大（二1～2，三16～四2，六4～8，十26，十二16～17）。那位作為先鋒的上帝的兒子（二9～10），為了上帝的家而為慈悲和忠信的大祭司（二1～五6），這正就是那位信心的創始者和成終者耶穌（十二2～3），他為信徒立下了最美好的榜樣，也是他保證信徒卒能得到上帝所應許的（七22～25）。

希伯來書的受書人，可能受到的外憂，是從羅馬政權而來的壓力，而所面對的內患，是指猶太裔信徒中間出現了離心現象，甚而有些信徒已歸回猶太教的懷抱。整個教會面對的壓力，不只是宗教上的，亦是政治、經濟、社會性（教會生活）的。

希伯來書的作者問題

過往雖然曾一度有人認為希伯來書是保羅所寫的，但觀乎本書的內容和風格，實有別於保羅的書信，例如：保羅所寫的每卷書信都清楚表明他便是作者，但希伯來書則沒有這樣的表達。本書作者表明他所得悉的救恩，並不像保羅所強調的，是從啟示而來的；他反而強調是從別人那裏聽見救恩的（二3）。究竟誰是本書的作者，歷來有不少講法：巴拿巴、亞波羅、百基拉（和亞居拉）、路加、羅馬主教革利免（Clement of Rome）等，莫衷一是；初期教會的教父俄利根（Origen）卻有中肯的見地，他說：「只有上帝才知道這是誰寫的。」

1.2. 希伯來書內容

希伯來書以一整句駢儷的散文作開首（一1～4），在音韻和意思

經文：一 5（引撒下七 14；詩二 7）；一 6～7（引詩九十七 7，一〇四 4）；一 8～12（引詩四十五 6～7，一〇二 25～27）；一 13（引詩一〇一 1）。

上，都顯出作者以極高的文學技巧，帶出全書主題：上帝終極永恆的旨意，透過上帝的兒子得以徹底被啟示及成就，因此他得著當得的尊貴和榮耀，地位遠超過天使。作者接著引用 **7 段舊約經文**支持他的論述：上帝的兒子的獨特性及其遠超過天使的地位（一 5～14）。

上帝的眾子

在舊約希伯來聖經中，在天庭有稱為上帝的眾子的（參伯二 1；詩二十九 1，八十九 6〔希伯來聖經則是詩八十九 7〕），他們雖有被稱為神，但仍是上帝所造的。兩約中間時期，不少猶太人相信天使承擔重要的角色，他們之間的分工非常仔細。在昆蘭死海文庫中，往往以「聖者們」和「天上的眾子」稱呼天使，並且與「知識的靈」這名詞平行使用。根據當時某些猶太教的傳統，天使有等級之別，天使長米迦勒（猶 9 節）為天使之首；此外，也有多位天使長，通常有 4 位，對應大地的四方，但也有 7 位的，因「七」在猶太人的觀念中，是完全的數目。其他有名字的天使長包括：加百列（路一 26）、拉斐耳（Raphael）、拉古勒（Raguel）、撒利爾（Zerachiel）、雷米勒（Remiel）和烏利爾（Uriel）；另參但以理書九章 21 節。

正因上帝的兒子比天使更超越，作者便警告：若信徒背逆從上帝兒子而來的福音，比背逆經天使的手而設立的舊約（參徒七 38；加三 19）所面對的刑罰是會更加嚴厲的（來二 1～4）。被描述為更高超的那一位，在歷史上卻是以人的方式出現，並經歷肉身之苦及死亡，他如何能比天使高超呢？作者於是引用 4 段舊約經文來說明上帝成為人的原因。

他先把詩篇八篇4至8節應用在上帝兒子身上，說明上帝兒子降卑為人只是短暫的，這並非他真正的本相，他降卑的目的是要藉著受苦和受死，完成救贖的使命，他最終是得著榮耀的（來二5～9）。透過經歷苦難而得以「**完全**」，成為眾人的「**元帥**」，引導人進到榮耀裏去（二10），他就是這樣認同人類（11～13節）。他又甘心承擔任命（12節引詩篇二十二篇22節，13節則以以賽亞書八章17和18節作為證據），為要藉著死，使人得脫離死亡的轄制，叫那些相信的人，得著拯救（來二14～16）。上帝兒子成為那「慈悲忠信」的大祭司，搭救那些被試探的人（15～18節）。

*「完全」（希臘文字根：**teleio-**）在希伯來書曾以動詞、形容詞及名詞出現約19次（參下頁專欄）。其意思不是指道德或品格上的完美，而是指上帝終極心意的成就。*

「元帥」與十二章2節的「創始者」為同一字，在新約中，這字曾兩次用在耶穌身上（參徒三15，五31），指耶穌是開路先鋒，引領信徒進到嶄新的境地（另參來六20）。

接著作者圍繞著「耶穌是大祭司」這主題作闡釋（三1～十25）。耶穌是「忠信」（或譯「盡忠」）的使者和大祭司（三1～四13），奉上帝的差遣來到人類中間，完成使命，又代表人類去到上帝面前。他與摩西一樣盡忠地治理上帝的全家，不過在地位和事奉上，身為上帝兒子的耶穌比身為上帝僕人的摩西更超越（三1～6）。昔日在曠野的一代雖曾經歷上帝的作為有40年之久，但仍不得進入安息（三章7至11節引自詩篇九十五篇7至11節），因為他們不信不忠，不聽上帝透過摩西向他們傳講的話，故此受到審判。現今上帝的子民在上帝兒子的治理下，就更須忠心於上帝藉著上帝兒子向他們所說的話，要彼此提醒、堅守信仰（三章12至19節是解釋及應用詩篇九十五篇7至11節的），要確信和順服上帝的道，竭力進入所應許的安息，因為他的道是活的和有效力的，所有人都要對這道作出恰當的回應，而上帝必以這道作為審判的準則（四1～13）。

希伯來書出現的鑰詞

希伯來書出現的鑰詞有以下多個，其出現的次數是以希臘文計算的：

1. 「基督」12次(希臘文：*christos*；參三6，五5，六1，九11、14、24、28，十10等)；
2. 「耶穌」14次(希臘文：*Iēsous*；參三6、14，五5，六1，九11、14、24、28等)；
3. 「大祭司」17次(希臘文：*archiereus*；參二17，三1，四14、15，五1，八3，九7、11、25等)；
4. 「祭司」14次(希臘文：*hiereus*；參七20、21、23，八4，十11、21等)；
5. 「比……更」13次(希臘文：*kreittōn*；參一4，六9，七22，八6，十34，十一16，十二24等)；
6. 「信心/忠信」39次(希臘文：*pistis, pisteuō, pistos*；二17，三2、5，十23，十一11等)；
7. 「進到」17次(希臘文：*eiserchomai*；三11、18、19，四1、3、5、6、10、11，六19等)；
8. 「完全」19次(希臘文：*teleioō*；二10，五9、14、六1，七11、19、28，九9、11，十1、14，十一40，十二2、23等)；
9. 「一次」8次(希臘文：*hapax*；六4，九7、26、27、28，十2，十二26、27)；
10. 「永遠」12次(希臘文：*aiōnion*；參一8，五6、9，六2，七17、21、24、28，九12、14、15、26，十三8、20等)。

耶穌是那已經得勝、遠升高天的大祭司，然而，他享有這地位，因他亦是慈悲的大祭司(四14～五10)，曾遭遇人所面對的試探，能體恤人的軟弱(四15)，因所受的苦難學了順從而得以完全，這完全符合大祭司的資格(五1～10)。因此我們可以自由地進到上帝的寶座前，基於這忠信和慈悲大祭司的工作，幫助會及時臨到，包括從施恩座而來的寬恕和面對試探的能力（四16）。

作者確立了耶穌擁有大祭司身分後，本書進一步闡釋耶穌按麥基洗德的等次為祭司（五6、10）的重大意義，但因讀者在靈性上的遲鈍，使他們「聽不進去」（五11）有關的道理，故作者加插一段勸勉和警告的話（五11～六20），指出讀者的屬靈景況仍停留在吃奶的嬰孩階段，作者認為這是不合理的。讀者必須邁向成熟，才能分辨是非好歹（五11～六3）。他警告那些倒退的人不應否定自己曾相信的真道，他們這樣行，是放棄他們原本享有的權利：他們原本是靠著耶穌釘十架而蒙拯救，現在卻站在釘耶穌十字架的人那一方，全然蔑視耶穌基督的救恩（六4～8），這是走入一條不歸路。然而作者肯定讀者們並不至到這地步，他們的愛心顯示他們實在是得救的（六9～10）。作者再多番勸勉他們要殷勤，直至那應許和盼望實現之時（六11～12），就好像昔日亞伯拉罕經歷上帝應許的實現，他的盼望沒有落空一樣（六13～18）。作為先鋒的基督，定能保證那些屬上帝的人，得以隨著他進到上帝面前（六19～20）。

作者承接五章10節，繼續闡釋耶穌祭司的職分是按麥基洗德的等次而立的，其**地位遠超過**按利未等次而立的祭司（七1～28）。麥基洗德的特點在於他的名字包含「公義的王」、「和平王」兩字（七1～2），兩者都是彌賽亞時代的標誌。聖經並未有麥基洗德生死的記錄，而在猶太人心目中，其祭司職分亦未有中斷過（七1），而也沒有人可以繼承他的職分（參七8），這些都與上帝兒子的身分相似（七3）。作者透過麥基洗德與亞伯拉罕相遇的故事（創十四17～20），說明麥基洗德是在律法以外另立的，他的位分比先祖亞伯

希伯來書多次使用「更加美好」這詞來比較舊的和新的兩個時期之種種：約（七22，八6）、盼望（七19）、應許（八6）、祭物（九23）、家業（九24）、家鄉（十一16）、復活（十一35）、預備（十一40）。

麥基洗德

麥基洗德（希伯來文：*malkî-ṣeḇeq*）這名字給人一種神祕的感覺，因為聖經記載他的事迹甚少，但在猶太人傳統中，他的地位卻相當重要（來七 4）。他出現於舊約時代（參創十四 18～20），名字是由「……的王」及「公義」這兩個希伯來字組成，他是撒冷王。創世記的作者把他描述為「至高上帝的祭司」，這可能是因為當亞伯蘭戰勝五王後，這位王出來祝福亞伯蘭，而亞伯蘭也將他的戰利品的十分一給了麥基洗德。此外，作者想突出亞伯蘭是向著至高上帝獻祭，這有別於迦南人的獻祭。聖經作者形容麥基洗德接受亞伯蘭的供物，有如代表著耶和華上帝的祭司（參利七 11～36）。他最特別的地方，在於他同時擁有君王及祭司的身分，但至今無法推斷這雙重身分是由創世記的作者首先提出的，抑或早已在猶太傳統中流傳著的；無論如何，當詩篇一百一十篇寫成之時，這思想可能已普遍被認同（參一一〇 4），而且把這位麥基洗德抬舉至一個地位，看為是天上的一位祭司。

從昆蘭古洞發掘的古卷中，有發現「米大示」文獻裏也有一份斷片〈麥基洗德〉（11QMelch. / 11Q13）提及麥基洗德，而且他在文獻中佔重要地位。在文獻中他被描述為一位天上的審判者，被上帝差派審判天上善與惡的事，與「黑暗的天使」（Prince of Darkness）彼此對敵。這可反映麥基洗德是超越所有地上祭司的，甚至亞倫。此外，〈安息日獻祭的詩歌〉兩塊斷片（4Q401）記載著的第五首詩歌，可能有麥基洗德的名字，這首詩歌描述在天上有末世的戰爭，麥基洗德以末世救贖者的身分出現。由此可見，麥基洗德一直以來在猶太人心中有一個崇高地位。希伯來書的作者借用猶太人的傳統，指出即使麥基洗德有極為尊貴的身分，也不及耶穌作祭司的身分。

拉罕還高，因他比利未的祭司系統更古遠悠長，並且在律法的限制之外（七 4～10）。按亞倫等次為祭司的制度有不足之處（七 11～14），上帝另立一個按照麥基洗德的樣式而作祭司的耶穌（七 15～19）：這祭司是上帝起誓立的（七 20～22），並且是不需要人繼承的，因為他是永久不更變的（七 23～25）；他作大祭司是合宜不過的，因為他不像地上的祭司，在獻祭前要自潔，並且他一次的獻上便完成了律法所有要求（七 26～28）。

上文已提及耶穌作為大祭司，比利未祭司制度更優勝（七 1～28），接著作者要闡釋耶穌作為大祭司是與舊約祭司的工作有 3 方面不同的地方（八 1～十 18）：

- 耶穌是在天上的聖所事奉（八 1～5）；
- 耶穌是新約的中保，比舊約的更美（八 6～13）；
- 耶穌獻上的是新約的祭，比舊約的更美（九 1～十 18）。

● 大祭司的服飾

現再詳談以上所提的 3 點。首先，對比於地上的聖所，耶穌事奉的地方是天上的聖所（八 1～5）。耶穌不需在地上供祭司職分，因為地上已有照律法規定的祭司。耶穌所事奉的這天上的聖所才是「真帳幕」，是會幕真正的實體，因為地上的聖所只是影子。按舊約律法，地上的大祭司要入聖所事奉上帝，為百姓獻祭，這是大祭司最重要的工作。當基督死在十架上的時候，他同時進入天上聖所。其次，對比於舊約的律法和條例，耶穌是根據新的約來事奉的（八 6～13）。作者引用耶利米書三十一章 31 至 34 節說明舊約有不足之處，需要另一個約來補足（來八 8～12）。舊的約的不足之處，並不在於其所訂立的條例不完全，而是立約的其中一方——以色列民——未能恆心遵守這約的要求（9 節下），因此上帝要另立新約，這約不像舊的，只著重外在的要求，約束人外在的行為。新的約所注重的，是內心的更新。因著耶穌是新約的中保，人的罪也因他得到赦免，而舊約時代那著重死守律法的宗教生活亦隨之結束(13節)。

● 以色列會幕

最後，對比於在贖罪日大祭司為百姓獻上的贖罪祭，那是以動物為祭牲，並且是按節期進行的(利十六1～5)；但耶穌卻以自己為祭牲，而且只獻上一次便可永遠贖罪，不像舊的那樣(來九1～28)。此外，舊約的會幕及禮祭系統都有其限制(九1～7)，甚至大祭司也要為自己獻上祭物，那通往上帝同在之路——至聖所的路——仍未打開。舊約祭禮的安排是暫時的，要等待新約時刻的來臨，到那時，這前約的規例便會失效(九8～10)。基督作為大祭司，所進的會幕是完全的(11節)，所獻上祭牲的血是自己的血(12節)，所成就的潔淨，是絕對有效的(13～14節)。基督的死有這樣的功效，是基於所有**遺囑**都是在當事人死了之後才生效的(九16～17)，而且摩西之約亦涉及死亡和流血(18～22節)。耶穌只一次過獻上這更美的祭物，就能擔當眾人的罪，將來向熱切等候他的人顯現，拯救他們(23～28節)。

遺囑(testament)即「約」，古時則指「協定」或「盟約」，與covenant一詞的意思相通。

律法的功用不是為除罪，而是叫人知道或想起自己的罪來，也讓人體會到獻祭不是長久解決罪的真正方法；故此，人便企盼有一個終極有效，而又能徹底解決人的罪的途徑(十1～4)。基督就是那位照上帝的旨意，將自己身體獻上的那位(5～7節；引詩四十6～8為證)。這不只叫人的罪得以潔淨(九13～14、22～23，十2)，而且人也可藉此得以成聖（十 10，參二 11，九 14，十 29），可以進到上帝面前（十 22），終生行在上帝的旨意之中。

血的意義

在舊約中，血代表生命（利十七 11、14；參申十二 23）。在敬拜的過程中，祭牲的血有其獨特的意義，根據利未記十七章 11 節：「因為活物的生命是在血中。我把這血賜給你們，可以在壇上為你們的生命贖罪；因血裏有生命，所以能贖罪。」當血灑在聖所內或是抹在壇的四角，有除去禮儀上不潔的作用（參利十六 1～34）。在第一次逾越節晚上，當以色列人將血塗在門框和門楣上，他們的長子便得以逃過滅門之禍（出十二 7、13、22～23）。在立約的禮儀中，包括割禮，都涉及血的使用（出二十四 6～8，四 24～26）。

新約視基督的血帶著救贖的功效，故此他的死亡可帶來代贖。上帝的子民是「蒙基督的血所灑」（彼前一 2），他的血能洗淨人一切的罪（約壹一 7；參林前十 16，十一 27；弗二 13；啟七 14，十二 11）。

希伯來書將基督的獻祭與以色列人贖罪日的獻祭相比，目的是凸顯基督的贖罪。他的血藉著永遠的靈獻上（十 14～15），並且他的死，就好像立約禮儀中所灑的血一樣，成為立約的憑據。

基於信徒現今可坦然進入至聖所（十 19～20），又有耶穌作為大祭司「*治理上帝的家*」（21 節），作者呼籲他們要來到上帝面前親近祂（22 節），堅守所「*宣認的指望*」（23 節），並要「*彼此相顧*」（24～25 節）。接著是警告那些明白真道但仍故意犯罪的人，他們這樣的行為是會將救恩轉換成審判，而這審判是嚴厲並且可怕的（26～31 節）。嚴厲的警告之後，作者將語氣轉為勸勉，提醒他們回想昔日怎樣為信仰忍受患難（32～34 節），又鼓勵他們要像基督那樣，剛毅堅持、恆忍到底，不要丟棄原有的信念，直至成全上帝的旨意（參 9 節），至終他們必會承受那應許的家業（36 節）。最後，作者指出上帝是不喜悅人倒退的，這等人不但不能得到所應許的，反遭致沉淪（37～39 節）。

上帝拯救到底與信徒的堅忍

希伯來書有幾段經文，是針對背離信仰者的（二 1～4，三 7～四 13，六 4～6，十 19～39，十二 14～29）；歷來學者對這些警告性經文，均持幾種解釋：

1. 不是針對信徒，而是指一些看似是信徒，實是混雜於教會中的假門徒；
2. 指出真正的信徒，是不可能背道的，凡堅持到底的，才是真正的信徒；
3. 是針對真正的信徒，但內中的警告只是假設性，而不是會真實發生的；
4. 針對真正的信徒，而這些警告也是真實的，所以信徒若持久犯罪，便會失去救恩。

然而希伯來書也十分強調基督救贖恩典的確實性：凡藉著基督來到上帝面前的人，上帝必然拯救到底（七 25，九 15，十 14）。這兩組經文發揮著不同作用，警告性的經文是要警惕信徒不可自恃已蒙恩典而可隨意犯罪，任意妄為。希伯來書的作者並未有清楚描述犯罪到甚麼地步才算是無可救藥，並喪失救恩，他反而警告信徒若自我放縱或背道而行，結果會極之危險。而那些帶應許性的經文，為要向讀者保證得救的確據，這些經文是強調上帝救贖恩典已經足夠，不需要附帶任何外加的儀式及行為。這兩組經文一方面要提醒信徒不要自視過高，在信仰生活上要自守，同時亦安慰信心不足的信徒，讓他們專心倚靠基督。

為鼓勵讀者要有信心，作者以歷世歷代信心偉人的榜樣鼓勵他們（十一 1～40）。在陳述信心英雄之前，作者首先描述信心的特質。

「信心」這詞在全書共出現39次(包括名詞及動詞),但十一章佔26次,是全書出現這詞最多的一章,這反映了全章的中心信息。按作者的詮釋,信心就是「對所盼望的事有把握,對未見之事有確據」(1～2節),意即:對必會實現的現實之肯定,又見證將來必然顯露而現在未能看見的現實。這「**信心英雄榜**」所涵蓋的英雄,有創世與族長時期前的(3～7節),族長時期的(8～22節),摩西與出埃及那一代的人(23～31節),以及後世接著的人(32～40節)。這些有信心的人都有美好的見證,然而他們仍未完全得著所應許的,但他們卻專心仰望那最終要應驗的。這應驗的比他們想像的更美,就是當基督復臨時,給所有人——無論是古時的人或今世的人——的應許將全然實現(39～40節)。因此,作者勸勉信徒要堅忍並走完信仰全程,以耶穌作為信心英雄榜中最終的榜樣(十二1～3)。作者以箴言三章11至12節(參十二5上～6)提醒讀者苦難在信徒生命中的角色:他們所受的苦其實是一種管教,藉此更可證明我們是上帝的兒女(十二4～8),祂是我們的父。當天父在管教時,祂所要求的是敬重和順服,因為這樣的管教是有益於信徒生命的。受苦是短暫的,最終定能結出平安的義果(9～11節)。在這段落結束前,作者鼓勵讀者再次發力往前奔跑(12～13節)。

信心英雄榜:亞伯、以諾、挪亞、亞伯拉罕、以撒、撒拉、雅各、約瑟、摩西的父母、摩西、以色列民、喇合、基甸、巴拉、參孫、耶弗他、大衛、撒母耳、眾先知、婦人的殉道、受迫害的和殉道的。

接著作者把信息重點由信心轉移到義人應有的生活上(十二14～29)。信徒若要與那些因信稱義的人同得一樣的結局,就要在他人生的旅程中過聖潔和公義的生活。作者勸勉讀者要「追求與眾人和睦,並要追求聖潔」(14～16節)。和睦和聖潔是信徒生活中兩個重要的課題。作者引以掃為例子,警告讀者不要像他一樣失去作為上帝子民那極大的福分(16下～17節),然後從4方面對比舊約與新約,指出讀者的景況比舊約時代的更美（18～24節）：

- 所進到的地方（18～19節上 // 22節）：舊約時代的人所進到的，是地上的西奈山，但信徒所進入的是屬天的錫安山；前者的景象是可怕的，後者的則是可喜悅的慶典盛會。
- 參與者（19下～20節 // 22下～23節）：舊約時代參與者只有出埃及一代的以色列人和天使；如今卻是所有得以完全的義人，而這些參與者將要成為那永存城邑天上耶路撒冷的子民，完全承受那作為長子的福分。
- 中保（21節 // 24節）：舊約的中保是摩西；信徒的中保是耶穌。
- 所震動的（26節 // 27～28節上）：第一次震動的是地，第二次震動的除了地，也有天，所帶來的，是整個世界的更新和轉換，叫那些不被震動的——上帝的國度——常存。

新約的信徒既有這更大的權利和福分，就不能掉以輕心，反而要用虔誠敬畏的心事奉上帝（十二25上、28下）。拒絕聆聽、順服上帝話語的人（25節），就等於拒絕上帝，他定必面對上帝嚴厲的審判，因為上帝是「吞滅的火」！

最後一章談論有關信徒的一些基本社會責任（十三1～6），包括：接待客旅，記念身陷囹圄和遭苦害的人，處理婚姻和貪慾等。作者再引用舊約（申三十一6、8；書一5；詩一一八6）作解說，鼓勵信徒倚靠上帝的供應。作者又勸勉讀者要忠心，記念那些在他們中間曾出現過的領袖，又要效法他們的信心（來十三7～16）。此外，他們要確信耶穌基督是常與他們同在的（8節），又要防範錯誤的教訓（9節），勸導讀者要離開猶太教的護蔭，追隨耶穌，到一個地步甚而受凌辱（10～13節；參十一26），因為那舊的時代和制度都已過去，而信徒要朝著那將來的城邁進（十三 14）。除了以上所提及的，信徒也要有所獻，就是藉著耶穌獻上頌讚和善行，這些祭都是上帝所喜悅的（15～16 節）。信徒亦應順服那些在他們當中作領袖的，也記念作者，為他禱告（17～19 節）。最後全書以一般書信的祝福和問安語作結（20～24 節）。

朝聖之旅

希伯來書描繪上帝子民這羣體時，是以一朝聖者的角度去表達的。朝聖者（上帝子民）從原來的地方（三 1「同蒙天召」）出發，向著更美的家鄉和末世的安息這方向邁進，這是上帝為他們所預備的在天上那永存的城（四 11，十一 16，十三 14）。然而，這旅程充滿艱難和險阻，其中包括罪惡的引誘（三 13，十 26），生命的停滯（五 16，六 11），貪戀世俗（十二 16，十三 5），以及外來的迫害（十二 4）。當面對這些軟弱及艱難時，並不表示上帝要離棄他們，反而顯示他們是祂的兒女，所受的只是上帝的管教（十二 5～8）。上帝子民這羣體要憑著信心和忍耐，行完這路程（三 7～19，十二 18～29），彼此提醒（二 13），守望相助（十 24～25），常存愛心彼此服事（十三 1～ 4）。耶穌不但開拓了這條朝聖之路（十 20），更是朝聖路上最佳的榜樣（十二 2～3），甚至惟有藉著他，信徒才可以直接去到上帝的施恩座前，得著能力走面前的路（四 14～ 16）。基督是這條信心之旅的開拓者，也是成全者（十二 12），無論是昨日、今日，他都沒有改變，而且直到永遠都是如此（十三 8）。

希伯來書摘要

信息：作者針對羅馬城教會所面對的內、外的壓力，特別是其中有猶太裔信徒，欲回歸猶太教。作者指出基督的超越，並回歸猶太教的危險。他一再勸勉讀者要以信心堅持到底。

作者：不詳。

寫作日期：約公元 55～64 年間。

大綱

A. 引言：上帝藉著子向人啟示祂自己（一 1～4）

B. 上帝兒子超越天使（一 5～二 18）

- a. 上帝兒子在地位上超越天使（一 5～14）
- b. 第一次警告及勸籲：要重視從上帝兒子而來的信息（二 1～4）
- c. 上帝兒子暫時比天使卑微，為了人成為慈悲忠信的大祭司（二 5～18）

C. 上帝兒子作為慈悲忠信的大祭司（三 1～四 13）

- a. 要思想那比摩西尊貴及忠信的耶穌（三 1～6）
- b. 第二次警告及勸籲：要追隨忠信的耶穌（三 7～四 13）

D. 信徒有一位慈悲的大祭司（四 14～五 10）

- a. 要持定真道並來到慈悲大祭司的面前（四 14～16）
- b. 基督有作大祭司的資格（五 1～10）

E. 第三次警告及勸籲：不要遲疑，要努力向前（五 11～六 20）

F. 耶穌大祭司的職分（七 1～28）

G. 耶穌身為大祭司的工作（八 1～13）

- a. 耶穌在天上聖所的工作（八 1～5）
- b. 耶穌是更美之新約的中保（八 6～13）

H. 那更美的新約的獻祭（九 1～十 18）

- a. 地上聖所獻祭之不足（九 1～10）
- b. 耶穌作為新約的中保獻上自己，完成上帝的任務（九 11～28）
- c. 舊的安排與新的安排之對比（十 1～18）

I. 第四次警告及勸籲：倚靠基督進到上帝面前，不再犯罪（十19～39）

J. 信心的歷程（十一1～十二29）

  a. 信心的英烈（十一1～40）

  b. 信心的勉勵（十二1～13）

  c. 第五次警告及勸勉：要以感恩的心事奉上帝（十二14～29）

K. 總結的勸勉及禱告（十三1～21）

溫習及思考問題

1. 耶穌成為卑微的人有何目的？（參二 14～18，四 14～16，五 7～9）這對於面對困境的信徒有何啟發？
2. 「基督在他肉身的日子，曾大聲哀哭，流淚禱告，懇求那能救他免死的上帝」（五 7）這幅圖畫令你聯想起耶穌生平中甚麼情境？（參太二十六 36～39；可十四 32～36；路二十二 41～44）這情境使你對耶穌有甚麼新的認識？
3. 耶穌「因所受的苦難學了順從……就為凡順從他的人成了永遠得救的根源」（五 8 下～9）。今天你要怎樣過順從基督的生活？
4. 除了「大祭司」、「上帝的兒子」和「元帥」等稱號外，希伯來書對耶穌基督還有甚麼其他稱號？（參三 1，七 22，八 2，十三 20 等）這些稱號對我們認識耶穌基督的身分有甚麼幫助？
5. 你會如何演繹「信就是對所望之事有把握，對未見之事有確據」（十一 1）這要義？當你所盼望的仍未實現時，有甚麼原因驅使你繼續堅持下去？（參十一 13～16、39～40）
6. 希伯來書的作者多次提到要「堅持」到底（三 6、14，四 14，六 18，十 23），又要「進到上帝面前」（四 16，六 19，七 19、25，十 1、19、22，十一 6），並要繼續「奔走」前路（十二 1 等），這些圖畫對今日我們作主的門徒有何提醒？
7. 有哪些信心偉人的傳記令你刻骨銘心，對你屬靈生命起了鼓勵性作用的呢？
8. 希伯來書以朝聖的旅程描繪信徒羣體現今之生活，並強調耶穌不只是那開路的，也是那引路的，他也治理這朝聖的羣體。這對你個人生活和教會生活，有甚麼啟發呢？

第二部分

大公書信

這部分所論述的是大公書信的內容。簡述各書的整體特點之後，便詳細談論各卷書的內容。此外，啟示錄也被列入在本書內一併討論，原因在於上文所提及，其內容雖大部分屬天啟文體，以象徵性語言表達，但它確實有書信的結構，特別是以書信形式開首，但為使論述的焦點更為集中，啟示錄之概述將留在本書第三部分才加以開展。

第二章

大公書信導論

- 大公書信的形成
- 大公書信在新約正典的位置及排列次序
- 大公書信的受書人
- 大公書信的內容與取材

今天我們所稱為「普通書信」(General Epistles)的新約書卷，亦稱為「大公書信」(Catholic Epistles)。「大公」這詞譯自 catholic 這英文字，這字來自公元 14 世紀的拉丁文 *catholicus*，而這拉丁文原來出自希臘文 *katholikos*，意即「普世」；與這字同字根的另一個希臘文 *katholou* 則意為「普通」，因此「普通書信」與「大公書信」這兩種稱呼是相通的。

2.1. 大公書信的形成

最早被稱為大公書信的書卷，是約翰壹書，後來陸續有書卷以此稱之。以大公書信來稱呼一組書信，最早見於公元 3 世紀教會歷史之父凱撒利亞的主教優西比烏（Eusebius of Caesarea；約公元 260/263～340 年)。他聲稱有 7 卷稱為「大公」的書信，其中包括雅各書和猶大書，並聲言當代教會已廣泛使用這些書信(《教會歷史》2.23.24～25)。亞歷山太的主教亞他拿修(Athanasius of Alexandria；公元 297～373 年)在他的正典綱目中，指有 7 卷書信稱為「大公」的，計有：雅各書、彼得前書、彼得後書、猶大書、約翰壹書、約翰貳書、約翰叁書(參約於公元 373 年成書的《節期書信集》卷 39〔*Festal Letter* 39.5〕)，其中一些書卷，如彼得後書和約翰壹書，亦早已在個別地方被稱為「大公書信」。當時的人如此描述這些書信，往往是因為它們大多是「巡迴」並且被宣讀於各教會之中，**沒有特定的受書人**或沒有指定是寫給某一地方的教會的(約翰貳書、約翰叁書除外)。希伯來書原並不屬於大公書信，現在亦有不少學者不將之歸為大公書信的組別，但於本章中會按情況把希伯來書一併列入論述之中。

保羅書信一般都有指明受書人或某一間地方教會。

2.2. 大公書信在新約正典的位置及排列次序

「大公書信」這組書信在正典綱目中的排列，並非一成不變的。優西比烏將約翰壹書、彼得前書、啟示錄，以及他認為有爭議的雅各書、猶大書、彼得後書、約翰貳書和約翰叁書，按此次序放在福音書、使徒行傳和保羅書信之後。亞他拿修則將它們放在福音書和使徒行傳之後，保羅書信之前（《節期書信集》39.5）。事實上，除了《西奈抄本》（Codex Sinaiticus）之外，所有包括了保羅書信和大公書信的大楷字體希臘文（uncial）抄本，都將大公書信置於保羅書信之前。現時大部分基督教新約聖經明顯是受耶柔米（Jerome）的拉丁文《武加大譯本》（Vulgate）影響。

現今大公書信的排列次序，是以雅各書為首，猶大書最後。這樣的編排並不是偶然的：這兩卷書的作者都是耶穌的兄弟。在早期基督教運動開始的時候，耶穌的兄弟在教會中具有相當的影響力；雅各更為突出，他被稱為「耶路撒冷教會的第一任主教」，可見他在初代教會時期，享有崇高地位。此外，使徒行傳也曾記載，雅各很早便已是耶路撒冷教會的領袖。當使徒彼得被天使從監牢中救出來後，他首先通知在耶路撒冷教會的信徒，並敦促他們將他獲救這事告訴「雅各和眾弟兄」（徒十二 17；參 12～17 節）。雅各是彼得惟一提名稱呼的領袖；後來，保羅第一次宣教旅程完成後，有不少外邦人皈依基督，因而引起爭議，即外邦信徒是否需要受割禮才算為得救這爭議。結果，保羅、巴拿巴、彼得等一眾使徒，回到他們的「母會」耶路撒冷召開大會（徒十五 1～21）。這次會議最後議決，外邦信徒除了恪守「禁戒吃祭過偶像的東西、血和勒死的牲畜，禁戒淫亂」（20 節）這 **4 項禁令**之外，是不需遵守其他摩西

這 4 項禁令普遍被稱為「使徒諭令」（Apostolic Decree）。

律法的——包括割禮。當時作會議最後總結陳詞的，就是雅各（13節）。保羅曾提及他到訪耶路撒冷教會時，與當時被譽為教會的柱石的雅各、磯法（即彼得）和約翰，行右手相交之禮，這右手相交之禮顯示保羅的事奉得到這些教會領袖認同（加二 9）。雅各、彼得和約翰當時被譽為「教會的柱石」（原文 *hoi dokountes stuloi einai*，直譯為「被譽為柱石的」；參《聖經新譯本》），暗示當時信徒理解教會為新的、屬靈的聖殿（林前三 16～ 17；弗二 19～22；彼前二 5～8；參提前三 15；啟三 12），而這 3 位使徒對教會的重要性，就好像上帝的殿前面的幾根柱子。他們的著作對初生的教會來說，必定舉足輕重，且有重要的指導性作用。必須留意的是，3 位領袖中，雅各排名最先，這可能反映出，在當時耶路撒冷教會的領袖中，是以雅各為首的。故此，雅各書在大公書信中排列於首是可理解的。

早期的作者沒有將希伯來書列入為大公書信，但後來大部分學者認為它並非保羅所寫，故將此書信納為大公書信中的一卷。

在猶太文化中，「七」是一個完全的數字。保羅書信寫給 7 處地方教會（加拉太、帖撒羅尼迦、哥林多、羅馬、腓立比、以弗所、歌羅西），與原本 7 卷大公書信（**不包括希伯來書**）起了平衡作用。在 7 卷大公書信中，彼得前書和彼得後書視為一組，約翰壹書、約翰貳書和約翰叁書看為另一組；而雅各書及猶大書雖不是同一作者所作，但作者可說是耶穌的兄弟，故亦可列為同一組。因此雅各、彼得和約翰這 3 位作者的作品在正典中的排次，正好與加拉太書所記載的 3 位領袖的排列次序相同。

2.3. 大公書信的受書人

首兩封書信，即雅各書和彼得前書，都是寫給散居於猶太省以外的信徒的。在大公書信中，若不將希伯來書列入其內，約翰壹書可算是篇幅最長的一卷，又因這書與約翰貳書和約翰叁書在內容上關係密切，大多被認為是寫給一些家庭教會中某一圈子的信徒的，而這些家庭教會可能在小亞細亞。雖然約翰貳書和約翰叁書予人的印象是寫給個人的，但約翰貳書可能以「夫人」喻作教會，「她的女兒」則指某地區家庭教會的個別成員，而只有約翰叁書是寫給個人的，收信人是當時一個家庭教會的領袖該猶。彼得後書和猶大書都沒有說明受書人的身分及其所在地，那可能是指當時的普遍信徒。關於希伯來書，情況也很相近，可能都是沒有寫明受書人是誰的——不過，仍有學者認為受書人是意大利人（參頁6）。

2.4. 大公書信的內容與取材

大公書信中各書卷，其內容和風格均反映出初期教會在信仰和生活上的多元化。這些書卷有一個共通的地方，就是帶有濃厚的猶太背景色彩。有別於保羅書信，大公書信沒有在內容中清楚界分所謂教義和信仰實踐兩個部分，而往往把兩者融匯在一起加以談論（參來十二14～17；彼前三1～7）；當引用舊約經文時，多與實際的倫理教導有關（來十26～31；雅二8～13），部分亦針對當時外邦人中敗壞的生活方式及在教會中出現的異端（彼後二1；約壹四4～6），這些異端不只是教義上有偏差，且在生活上傾向放蕩不羈，一個人的信仰與他實際的生活行為，是不可分割的。

在取材方面，除了引用和旁索舊約的經文和典故之外（來七1～3；彼前一16），也沿用了猶太人的傳統故事及教導（雅四13～17；猶9～10節），其內容明顯反映出早期基督教運動的教訓。若從個別書卷看其取材，雅各書被認為是新約書卷中的智慧文獻，因為它搜羅了許多智慧言詞（一12、13～15，二13等），此外，也有律法（二1～13，三8～四3、11等）、先知（四13，五1、7～9等），以及不少耶穌言訓（一2、4、5、20、22，二10、13等），它是福音書之外，援引耶穌言訓最多的書卷。彼得前書採用了大量只出現於《七十士譯本》、卻沒有在新約其他書卷出現的詞彙，例如：「為善」（四19；*agathopoiia*）、「可誇」（二20；*kleos*）等；此外，也像雅各書般，引用了不少耶穌言訓（一10～11、21，二7，四10）。而彼得後書和猶大書則使用了不少舊約典故（彼後二5～7；猶9、14、15節），這兩卷書有部分的內容是重疊的，可見它們之間關係密切（參頁67～68）。彼得後書的作者寫書時，可能曾讀過猶大書，並使用了猶大書部分內容（彼後二10～17 // 猶8～16節；彼後三3、4 // 猶17、18節）。至於約翰書信，它用的詞彙與約翰福音非常接近（約壹四7～21，約貳5節 // 約十四～十七章；約壹五13 // 約三15～16；約叁8節 // 約八32～39），有人認為這組書信，具有糾正一些人對約翰福音的誤解的作用。當提及希伯來書，讀此書的人不難發現，本書從開始便大量引用舊約經文，而且有系統地闡釋耶穌如何成就了新約，實現了舊約的應許；新約的來臨就是要超越舊約。希伯來書可說是新約書卷中，最清楚闡釋舊約與新約的關係的書卷。

第三章

雅各書概述

- 寫作背景和目的
- 雅各書內容
- 雅各書與利未記十九章
- 雅各書與耶穌言訓

3.1. 寫作背景和目的

雅各書是寫給「散居在各處的十二個支派的人」的(一1)。「散居在各處」一詞是指當時以色列地(參太二20;今天稱為巴勒斯坦)境外、猶太僑民聚居的地方。公元前722/721年北國以色列國被亞述所滅,部分以色列人被擄或移居至美索不達米亞以北及位於巴比倫以北的米底亞;及後於公元前587/586年南國猶大國被巴比倫所滅,巴比倫實施改土歸流的政策,將大部分猶大國的宗教及政治領袖等精英擄到巴比倫。此後,**猶大人**亦有移居外地的,其中原因可能有4個:

《和合本》舊約聖經將南國的人稱為猶大人,而新約聖經則把所有以色列人通稱為猶太人。前者是指相對於北國的人,而後者則指一整個民族。

- 屬於被擄的戰犯:除了上文所提及的早期被擄外,在公元前4世紀末葉,埃及多利米二世非拉鐵夫(Ptolemy II Philadelphus;公元前308~246年)曾出兵亞述和腓尼基全地,將約100,000猶太人擄到埃及,其中30,000人在軍中服役。公元前2世紀中葉,馬加比叛變的初期可能又有大量猶太人被西流古(Seleucus)擄至希臘為奴隸。在羅馬的政權之下,國家更經歷了3次重要的戰亂:當羅馬皇帝尼祿(Nero;公元54~68年)在位,羅馬將軍龐貝(Pompey)於公元前63年(正藉**哈斯摩尼王朝**覆沒)將一些猶太人擄至意大利為奴;公元67年,羅馬再次派軍攻打加利利,許多猶太人被殺及被賣為奴;維斯帕先(Vespasian;公元69~79年)在位期間,他的兒子提多(Titus Vespasianus)將軍於公元70年攻入耶路撒冷,將一些年青力壯的猶太人帶返羅馬,並將一些擄到埃及。

哈斯摩尼王朝(Hasmonean Dynasty)是指公元前2至1世紀間,猶太人馬加比(Maccabees)這祭司家族管治猶太省的時期。

- 軍事殖民:根據猶太史家兼作家約瑟夫(Flavius Josephus)的記載,埃及的領袖拿哥司之子多利米極之信任被擄至埃及的猶太

人物素描：主的兄弟雅各

在福音書中，曾記載耶穌有4個兄弟，其中一個是雅各（太十三55 // 可六3；參路八19；約二12，七3～4）。雅各和他的兄弟究竟曾否在耶穌傳道的時期作過耶穌的門徒，卻有不少爭論。不過，在雅各書，雅各沒有自稱是耶穌的門徒，但在卷首卻自稱是「上帝和主耶穌的僕人」。他這樣的自稱一方面是為表示他順服上帝及耶穌的吩咐而行；另方面也表示他是帶著上帝及耶穌的權柄說話。在新約時代，教會的領袖往往自稱為「僕人」（彼後一1；猶1節）。

在保羅書信中，雅各被稱為「主的兄弟」（加一19；參徒一14；林前九5），復活的主曾向他顯現（林前十五7），他雖不屬十二使徒中的一個，然而位列「使徒」中（加一19）；他也是耶路撒冷教會的「柱石」之一（加二9），名列首位，這意味雅各在耶路撒冷教會中具領導的地位。雅各在耶路撒冷的會議中，作了總結的陳詞（徒十五13），再一次說明了他顯赫的地位，而使徒諭令是以使徒和長老的名義頒布的，顯示使徒與長老在耶路撒冷教會中，同被視作領袖。然而使徒們，包括彼得在內，因往外宣教，很多時候都不在耶路撒冷，以雅各為首的長老團，成為當時駐耶路撒冷教會的領導。根據優西比烏和教父撒買斯的伊皮法紐（Epiphanius of Salamis；約公元315～403年）的記載，雅各是耶路撒冷的首位主教。

有關雅各的殉道，有不同記述。根據約瑟夫，雅各是在公元62年，被大祭司亞拿尼斯（Ananus）挾猶太公會的議決，控告雅各不守律法，將他用石頭打死。另優西比烏引述另一記載，指文士和法利賽人將雅各帶到殿頂，要迫使雅各運用他的影響力，在羣眾面前否定對耶穌的信仰，以此說服羣眾不再追隨耶穌是基督這一信仰，但雅各偏偏公然為耶穌作見證。文士和法利賽人一怒之下，將他從聖殿的梯級上推下來，時為公元67年。

人，派他們作軍事殖民據守城池。在西流古統治下的小亞細亞，安提阿古二世（Antiochus II；公元前210～201年）曾派2000

猶太家庭，駐守各重要城鎮（如呂底亞和弗呂家）。

- 難民：為逃避戰亂或迫害而到處遷徙，如在哈斯摩尼王朝時期，每有內鬨，戰敗的一方便得落荒而逃。另有因被迫離開的，如在使徒行傳中就曾記載克勞第將猶太人逐出羅馬城（徒十八 2）。
- 在羅馬小亞細亞一帶經商的商人：從公元 1 世紀約瑟夫及猶太作家斐羅（Philo）的描述中，我們知道猶太僑民散居於羅馬帝國各地。在公元 70 年猶太第一次叛變之前，敍利亞幾乎每一城市都有猶太羣體聚居；在埃及，則以亞歷山太港的猶太殖民為最多。散居地的猶太僑民，仍與耶路撒冷保持密切聯繫，包括每年奉獻建殿稅，以及他們當中的男丁多有到耶路撒冷朝聖者。

● 雅各的骨棺

● 雅各骨棺上的銘刻：耶穌的兄弟約瑟的兒子雅各

3.2. 雅各書內容

雅各自稱為「上帝和主耶穌基督的僕人」，以耶路撒冷教會領袖的身分，寫信給在猶太省以外的猶太人（一 1）。雅各從 3 方面勸勉讀者：

- 生命的操練（一2～4）：人生面對的試煉，是無人能倖免的，然而我們卻可以選擇如何面對。試煉是信徒運用信心的機會，若能堅持到底，便能建立完備的人格，有了這新的角度，我們便可以喜樂順服的心，面對逆境。
- 心意的操練（一5～8）：人要以信心順服上帝，從祂那裏得著智慧以面對生命中的試煉，若人是三心二意，生命就永無寧日。「三心二意」（*dipsuchos*；希臘文的字源指「兩個生命」）這詞是形容一個人既想作上帝的朋友，又想作世界的朋友，常常搖擺不定，因世界的誘惑而不能盡己地去愛上帝。「三心二意」源於人的私慾，其表現是表裏不一（二14～20）、弄虛作假和自欺欺人（一22、24、26，四13～14，五12、19〔「迷失」一字原文為「被欺騙」〕）。
- 物質生活的操練（一9～11）：世上一切物質與財富都不實在，這些東西會因時間及環境因素而消逝，故此，人要學習面對這樣的現實，要學習可以誇耀於任何的環境之中；並且，人所擁有的一切，都屬於上帝。這一切的觀念與我們所身處的世界不同；故此，我們必須以與這世界不同的眼光看世物。

以上3方面的操練，正好對應猶太人傳統的「**示瑪**」。這「示瑪」其中一段內容是：「盡心、盡性、盡力愛耶和華─你的上帝」（參申六4）。原來要得以完全，就必須要全然地愛上帝。作者鼓勵讀者要經得起以上3方面的試煉，因為凡是愛上帝的人，在經過「試煉」後，必能得著上帝應許那「生命為冠冕」（一12）。當人在試煉中，因受不住誘惑而犯罪，是不可將責任推卻給上帝的（13節）；各人之所以被誘惑犯罪，

「示瑪」（šəmaᶜ）出自申命記六章4節第一個希伯來文字的音譯，意思是「要聽」，猶太人以此字代表：他們敬拜一神這基本信仰，並以此作為他們的基本信條（申六4～9）。

是被自己內在的「偏情」(14 節；*epithumia*，《和修》譯作「私慾」)所勾引，驅使他犯罪，最終他得到的結局就是死亡(14～15 節)。作者用受孕產子的過程作比喻，正好與上文所說，要忍受試煉以致得到生命的冠冕，以及與下文所說，上帝以真道生了我們，成了強烈對比。在上帝的恩慈下，祂已預備了真道，將一羣人拯救過來，成為「初熟的果子」，叫人得以脫離偏情的轄制(17～18 節)。

得以完全

在舊約中，「完全」這類詞彙雖大部分用於獻祭的禮儀，指祭物的完整無缺(參利二十二21；《和合本》譯作「純全無殘疾」)，當用在人的身上，便帶有宗教和道德的意味。舊約已記載上帝要求人作「完全人」，挪亞(創六 9)、約伯(伯一 1、8)、大衛(撒下二十二 24)都被稱許為完全人，這並非指他們沒有犯罪，而是他們為人剛正不阿，專心一意的行上帝的旨意。上帝呼召亞伯蘭時，是要他在上帝面前作完全人(創十七 1)，這也是上帝對全以色列的呼籲(申十八 13)，上帝的子民要行事完全，無可指摘(參詩十五 2，十八 32，一〇一 2；箴二 7，十一 20 等)，這是代表行事正直、公義、純潔。「完全」代表行在上帝的律法之中，作合乎上帝心意的事，為人忠誠信實，不單要這樣對上帝，對人也該如此(參士九 16；摩五 10)。

若再與申命記六章 4 至 9 節併著看，人得以完全代表他能盡心、盡性、盡力愛上帝，對上帝全然盡忠，決不異心。耶穌在登山寶訓中總結愛你的鄰舍如同自己這命令的實踐時說：「所以，你們要完全，如同你們的天父是完全的」(太五 48)，指上帝平等地對待好人和惡人，賜他們日頭和雨水，祂是慈悲寬宏的主(比較：路六 36「你們要仁慈，像你們的父是仁慈的」)。雅各承傳了耶穌所教導的雙重愛的命令，即人得以完全便要愛上帝，盡忠於祂，不心懷二意；同時要透過愛鄰舍這原則去實踐那使人完全的律法(一 25，二 8～9)。

雅各呼籲讀者要「敏於聽、訥於言、緩於怒」（一19「快快地聽，慢慢地說，慢慢地動怒」）。人心偏情的其中一種表現是急躁暴戾。人若要克服內心的偏情，必須要有決心撇下一切的污穢和邪惡，更要以謙卑的心領受那栽種於我們生命裏的道，叫這道在我們生命中發生功效（20～22節）。因為單作聽道而不行道的人，就好像一個人，對著鏡子細察自己本來的容貌，但他察看自己之後，就走了，隨即將先前看過自己的樣子忘得一乾二淨。人之所以忘記，問題不在於鏡子是否清晰反映人的面貌，甚而也不在於他有沒有仔細的觀察，而在於他那種漠不關心的反應。他那種即使看過卻像沒看過、那種好像毫不相干的態度，反映出他並不認真，並且自欺欺人。或許會問，為何需要如此認真的看？因為所察看的律法，是那能使人完全，並且使人脫離罪惡，自由地事奉上帝，自由地去愛人的律法。必須留意的是，除了認真對待律法，也要恆常默想這些律法，並身體力行實踐之。若然如此，便會得到上帝的祝福，他的生命也因此而興盛（23～25節）。

此外，作者也提及虔誠的操練。真正敬虔的人會控制自己的唇舌，看顧在患難中的孤兒寡婦，並且使自己不受世俗的價值所污染（26～27節），這是作者在雅各書中所討論的3個重要課題。

3.3. 雅各書與利未記十九章

雅各書中大部分所針對的問題，都見於利未記十九章那涉及人與人之間的律例，後表羅列了利未記十九章9至18節與雅各書各主題的關係：

利未記	雅各書	主題
十九 9～10	二 14～20	要有憐憫
十九 11～12	五 12	不可起誓
十九 13～14	五 1～6	不可欺壓貧窮人
十九 15～16	二 1～13	不可偏私
十九 17～18 上	三 8～ 四 3、11，五 9、19～20	與鄰舍的關係

真正的信心考驗，在於是否實行彌賽亞的律法（二 1～26）。作者開始討論的第一個課題，是關乎司法公正的。二章 1 至 7 節所描述的情境，極可能是在法庭中發生，而非一般的崇拜聚會。設若在審判的過程中，因某人外表極有氣派而讓他坐在尊位上，叫那衣衫襤褸的窮人坐在卑微的位置上，兩者受著不公平的待遇（2～3 節），這樣做的人，在判斷上是偏邪的（4 節），我們怎可以期待他能進行公平的審訊呢？上帝的做法可以說是剛好相反，祂揀選那些從世界的眼光看來是貧窮的人，但若從信心的角度去看，他們卻是富足的人；因這些貧窮的人對上帝的愛，叫他們得以承受上帝應許予他們的國度（5 節），但那些偏心待人的，卻偏偏羞辱那些貧窮人。在實際生活中，那些富足人欺壓那些信奉耶穌基督之名的人，將他們拉到公堂，褻瀆他們所求告那耶穌基督的尊名（6～7 節）。

作者勉勵讀者要依照聖經所說的「要愛你的鄰舍如同自己」這教訓（利十九 18 下），去完成上帝國度的律法（雅二 9～12）。上帝所要求的，是要他有憐憫（13 節），這包括給予那些有需要的人實質的幫助，以行動表達忠於上帝的律法（14～16 節），因為信心沒有行為，就其本身而言是死的（16 節）。口中說有信心並不代表真的有信心，信心必須以相應的行動作為證據，才是完整的（17～20 節）。亞伯拉罕獻以撒(創二十二 1～19)和妓女喇合接待以色列使者(書二 1～21)這兩件事例,充份説明上帝所要求的信,是有行為的信(雅二 21～26)。沒有信心固然救不了人,單有口頭上的信也不能,必須要有行動配合,這種信心才能救人。

作者也談到智慧。一個人若有從天上而來的智慧,在他的生活和品格中必定有明顯的表現(三 1～ 四 10)。作為教師的(三 1),應要有智慧和見識(13 節;參申一 13～15),有智慧的其中一種表現,是能控制自己的舌頭。舌頭雖小,卻難以駕馭(雅三 2～8),人容易一口二舌、説好説歹(9～12 節)。真正從上帝而來的智慧有 7 種美善的特性(13、17～18 節):清潔、和平、溫良柔順、滿有憐憫、多結善果、沒有偏見和沒有虛偽。對比於那屬地的、屬情慾的、屬鬼魔的智慧,它們只會帶來嫉妒分爭(14～16 節)。在羣體中間出現的嫉妒爭鬥,是因為他們認同了世俗的價值,與世俗為友(四 1～4),這是上帝所不容許的,這些人是淫亂的,是上帝的敵人。然而上帝賜人有更多的恩典(5～6 節),叫人能勝過內心的私慾。當人願意謙卑順服,悔改認罪,抵擋魔鬼,上帝必定接納(7～10 節)。

3.4. 雅各書與耶穌言訓

雅各書不論在用字或觀念上,有不少與耶穌言訓相似的地方,特別是登山寶訓的言詞(太五～ 七章;參後頁表列)。

除了與馬太福音相近,雅各書也有單與路加福音相近的內容(如:雅四 9 // 路六 21、25 下;雅五 1 // 路六 24)。雅各書的作者明顯以耶穌的教訓為根據,然後將之發揚光大;他針對著讀者當時身處的環境,將耶穌的教訓作出演繹和發揮。

雅各書	馬太福音	主題
一 2	五 10～12	在試煉中要喜樂
一 4	五 48	追求完全
一 5	七 7～11	向上帝祈求所需要的
一 6～7	十一 22～24	要悔改
一 17	七 7～11	一切美善從上帝而來
一 22	七 24～27	要行道
二 5	五 3（路六 20 下）	貧窮是有福的
二 8	二十二 39	要愛人如己
二 13	五 7	要憐憫人
三 12	七 16～18	生命的果子
三 18	五 9	要和平
四 4	六 24	與世俗為友就是與上帝為敵
四 11～12	七 1～2	不可論斷人
五 2～3 上	六 19～20（路十二 33 下）	朽壞的財富
五 12	五 33～37	不可隨意起誓

作者也談論「評論別人」這話題。作者認為凡事到終末審判來臨時，便會顯出真相（雅四 11～ 五 11）。凡惡意批評他人的，是將自己置於他人之上，將自己當作上帝，這樣就相等於論斷上帝所訂的律法，上帝必定審判（四 11～12）。作者又勸籲讀者要存心謙卑，不要像某些商人那樣自以為是，不可一世，以為人生是在自己的操縱之下（13～17 節）。更不應好像有些富足人，欺壓和剝削貧窮的工人。這一切的事，上帝必定審問（五 1～6）。因為終末的日子必然臨到，作者便勸勉讀者要像農夫等候收成一樣，堅忍到底（7～8 節），不要彼

此埋怨(9 節)，要以古時的眾先知和約伯為榜樣(10～11 節)。

在總結全書時，雅各引用耶穌論及不可起誓的言訓，帶入本書對「完全」的關注。首先，言語要純全(五 12)，才可建立彼此互信的羣體；在病患中，祈禱求醫治，叫身體健康完整(13 節)，並且成員間要彼此認罪、互相代求，使罪得赦免(15～16 節)，這是上帝所預備給屬祂的子民邁向完全的途徑。個人和羣體要得以完全，便必須以絕對的忠誠，靠賴那位答允禱告的；祂是最終的拯救者，並叫人得以完全。以利亞的禱告蒙應允，便是禱告蒙應允最好的例證(17～18 節)。最後作者勸籲受書人要彼此守望，盡羣體成員的責任(19～20 節)。

雅各書摘要

信息：面對當時世俗化的處境，如何靠著從上帝而來的恩典及從天上而來的智慧，行那王者的律法，以信心和忍耐，過完全的生活。

作者：耶穌的兄弟雅各。

寫作日期：公元 49～62 年間。

大綱

A. 卷首語(一 1)

B. 前言：得以「完全」的重要(一 2～27)

C. 本體(二 1～五 11)

- a. 真正信心的考驗：實行彌賽亞的律法(二 1～26)
    1. 真正的信心是與偏私不符的(二 1～7)
    2. 偏私和無憐憫是有違彌賽亞的律法的(二 8～13)
    3. 真正的信心是有行為表現的(二 14～26)

b. 從上而來智慧的顯明（三1～四10）

1. 針對誤用舌頭（三1～12）

2. 天上與屬地智慧的對比（三13～18）

3. 針對這世界的價值觀（四1～10）

c. 上帝終末審判的來臨（四11～五11）

1. 針對惡意批評者（四11～12）

2. 針對高傲和不義的富有人（四13～五6）

3. 勸告讀者要堅忍（五7～8）

4. 針對彼此埋怨（五9）

5. 總結的榜樣：先知們和約伯（五10～11）

D. 後記：得以「完全」的關注（五12～20）

a. 論起誓（五12）

b. 信心的禱告（五13～18）

c. 信徒彼此的責任（五19～20）

溫習及思考問題

1. 當面對困境時，我們即時會有甚麼反應？雅各書給予我們甚麼新的角度？
2. 我們讀經應持哪種態度？為何有些時候聽道和讀經對我們的生命好像沒有多大幫助？
3. 在社會或教會中，有哪些羣體受到歧視，或是他們的需要被忽視？對於他們，怎樣可以做到「愛你的鄰舍如同自己」？
4. 雅各如何教導讀者控制舌頭？我在言語上哪方面最容易犯罪？口是心非？說三道四？口沒遮攔？言過其實？言而無信？出言不遜？
5. 嫉妒為何這樣可怕？它與驕傲有何關係？如何克服嫉妒？
6. 是否所有富足人都是為富不仁？雅各指斥他們有哪些罪狀？這些錯誤是否也出現在我們身上？
7. 信徒羣體得以建立，有哪些重要的元素？

第四章 彼得前書概述

- 寫作背景和目的
- 彼得前書內容

4.1. 寫作背景和目的

「本都、加拉太、加帕多家、亞細亞、庇推尼」(一 1)是當時小亞細亞5個羅馬省分的名稱，位於現今土耳其托魯斯山(Mt. Taurus)以北，北臨黑海，西臨愛琴海。這裏各地方排列的先後，可能反映出送信人西拉(五 12)的行程。有認為西拉可能由本都的阿米蘇斯(Amisus)起程，最後至庇推尼的迦克墩(Chalcedon)，路經各省主要的地方教會，將此書信抄寫下來。早期的**彌賽亞運動**(Messianic movement)，在這小亞細亞的地區，發展迅速。

「彌賽亞運動」源自猶太人，是指因抱等候以色列復國、彌賽亞國度來臨這種思想而產生的一些運動。

本書的受書人大部分是外邦的信徒，書中描述他們在未信教之前是「蒙昧無知」和「被……慾望所同化」(一 14)，他們往日所追隨的，包括於「淫蕩、情慾、醉酒、荒宴、狂飲，和可憎的偶像崇拜中」(四 3)，「同奔放蕩無度的路」(四 4)。他們從前並非上帝的子民，現今卻作了祂的子民(二 10)。他們祖先所流傳下來的，都是「虛妄的行為」(一 18)。若是如此，有別於雅各書一章 1 節的用法，彼得前書一章 1 節的「分散」(*diasporas*)或「寄居的人」(*parepidēmois*)，並非從字面理解為地理上散居於以色列地以外猶太僑民聚居的地方，而是象徵性地描述基督徒生活在今世，是像散居的，他們將來仍要承受那上帝為他們所預備的永存基業(一 3～5)，正如散居地的猶太人期望卒有一天可以歸回故土——以色列地。

彼得原本叫「西門」(Sumeōn)，這名亞蘭文是「西緬」(šimʿôn)。「彼得」是耶穌給他起的別名(約一 42)，這名字的希臘文 Petros 音譯自亞蘭文「磯法」(kêpāʾ)，意即「磐石」。

本書的作者**彼得**一開始時便指出上帝子民獨特的身分(一 1～2)，他們是散住的寄居者，但同時也是上帝所揀選的子民。從上帝的角度去看，他們與基督一樣，是蒙上帝的恩典

（參一13，三7，五10、12）所揀選的（一2，二4）、上帝極「珍貴」的子民（二7），這榮耀的身分總有一天會全然顯露出來，就是在他們承受那將要顯現之基業的時候（一3～6），這亦是上帝子民喜樂的因由。然而，當他們身處於今世時，所面對的遭遇，卻與他們這榮耀的身分極端矛盾；他們就好像客旅和寄居者一樣，在社會中無權無勢，為世人所唾棄。作者一方面強調他們這身分的尊貴，叫他們尊重自己透過耶穌基督的救贖所帶來這新的蒙恩的地位，因而敬畏上帝（一17；參二17，三2、15），順服祂的旨意（二15，三17，四19）；另一方面要認清他們在地上是客旅這一角色。從消極方面看，他們不可追隨今世非信徒的行事方式（四1～4），要擺脫私慾的控制（二2、11）；從積極方面看，要熱心行善（二12、15、20，三2、6、11、13、16、17），期望能釋未信的社會人士對他們的猜疑（二12，三15～16）。信徒雖然可能仍會被惡待（二20），甚而因基督的名而受到羞辱（四14），好像耶穌曾被人丟棄一樣（二4、7下），然而信徒要好像基督一樣，並且靠著上帝所賜的能力和恩典（二21～25，五10），忍受苦楚，他們將來必定好像基督一樣，得享榮耀（一7、11、19～21，三18～22，四13，五9～10）。

● 彼得倒釘十架

● 彼得的徽號

人物素描：彼得

西門・彼得與安得烈是兩兄弟，他們都是漁夫。根據約翰福音的記載，他們原是加利利的伯賽大人（約一44），彼得後來居於加利利湖西北岸的迦百農（可一21、29），與妻子、岳母及弟弟安得烈同住（可一29～30；參林前九5）。西門和安得烈曾接受施洗約翰的洗禮，是施洗約翰將耶穌介紹予他們認識的（約一35～42）。

彼得給人的印象是個性衝動、表達直接。當彼得看到耶穌在水面上走，他便請求耶穌，使他也得以在水面上走，到耶穌那裏去，可是後來他卻因懼怕而下沉（太十四28～30）。在耶穌復活之後，門徒打魚去，當彼得聽到耶穌所愛的門徒說，那站在岸上的是耶穌，他便「束上一件外衣，跳進海裏」，要立即到耶穌的跟前。當耶穌向門徒透露自己要被殺，三天後復活，彼得卻說：「主阿，千萬不可如此！」換來耶穌的嚴厲斥責：「撒但，退到我後邊去！」因為他不是體貼上帝的意思，只是體貼人的意思（太十六22～23）。他曾信誓旦旦地說：「我就是必須和你同死，也絕不會不認你。」（可十四31）然而在耶穌的預告之下，他仍因不欲被指控為一個騙子的追隨者，3次否認主（可十四66～72）。當彼得見證耶穌登山變像，以利亞和摩西同時顯現時，他衝口而出說：「我們在這裏真好！我們來搭三座棚，一座為你，一座為摩西，一座為以利亞。」（可九5～6）

在耶穌十二門徒中，彼得排名首位（可三16；參徒一12～13），且很多時候，成為他們的發言人（太十六15～16；須注意這段經文中耶穌的提問是向所有門徒發出的，但回答的卻只有彼得一人），他是耶穌核心3個門徒之一，其餘兩個是雅各和約翰（可五37，九2，十三3，十四33；馬太福音及路加福音都這樣記載）。彼得比其他門徒更敏銳體察耶穌非同凡響的身分（路五8）；當他對如何實踐信仰感到掙扎時，便主動向耶穌提問（太十八21；他提問如何饒恕得罪他的人）。在眾門徒中，他是惟一一位宣認耶穌是基督、是永生上帝兒子的（太十六16），雖然他仍未完全明白這位基督是一位受苦的基督（參彼前二21～25）。他親眼見到耶穌在山上變像（可九2～4；參彼後一17～18）。他與耶穌所愛的門徒，是最先進到耶穌的空墳，見證耶穌復活的兩個人（約二十2～4）。彼得代表著門徒，接受從耶穌來的權柄。耶穌說：「你是彼得，我要把我的教會建造在這磐石上，陰間的權柄不能勝過它。我要把天國的鑰匙給你，凡你在地上所捆綁的，在天上也要捆綁；凡你在地上所釋放的，在天上也要釋放。」（太十六18～20）彼得雖然曾經3次不認主，但復活的主3次問彼得，彼得是否愛他，藉此叫彼得重新被建立，此外，復活的主更將牧養羊羣的責任委託予他（約二十一15～17）。

耶穌復活升天之後，彼得在門徒中間明顯擔當了領導的角色；是他建議另選一人填補猶大的空缺的（徒一15～26），在五旬節聖靈降臨的時候，是他起來宣講基督（徒二14～36），且邀請聽見的人說：「你們各人要悔改，奉耶穌基督的名受洗，叫你們的罪得赦免，就會領受所賜的聖靈。」（38節）他廣行神蹟（徒三1～10，五12，九32～35、40～41），宣講基督（徒三11～26），雖屢遭當時猶太教的領袖阻撓，然而仍放膽為主作見證（徒四1～22，五17～41）。彼得代表教會懲治了欺哄上帝的亞拿尼亞夫婦（徒五1～11）。他和使徒約翰到撒馬利亞，為那些奉主耶穌的名受洗的人按手，使他們受聖靈（徒八14～17），並斥責那心術不正、行邪術的西門（徒八9、18～24）。

彼得為向外邦的宣教開拓了新的里程。當他在約帕的時候，於禱告中見到異象，並聽見有聲音吩咐他吃不潔的食物（徒十9～16），這正配合了凱撒利亞一位虔誠人從天使所得的指引，邀請彼得到他的家去傳講福音，結果在他家裏聽道的人都信了主，並有聖靈降臨在他們身上（徒十1～8、24～48），這事亦得到耶路撒冷教會的認可（徒十一1～18）。後來希律安提帕一世重手迫害那些信道的，先是殺了使徒雅各（徒十二1～2），又將彼得收監，要懲治他，彼得卻在夜間被天使救出監牢（徒十二3～11），脫離希律的魔掌。

至此，彼得不再長久留在耶路撒冷（徒十二17），然而他在教會圈子中，仍有相當重要的影響力，這見諸於他要返回耶京，在耶路撒冷會議上作證一事（徒十五6～11、14）。彼得可能曾周遊各處作宣教，更多向散居地的猶太人傳福音（參加二7～8；林前九5）。根據教會的傳統，他後來居住在羅馬城，在那裏建立教會，至尼祿的時候被處死，這正是應驗了復活的主向他所說的預言：「我實實在在地告訴你，你年輕的時候，自己束上帶子，隨意往來；但年老的時候，你要伸出手來，別人要把你束上，帶你到不願意去的地方。」（約二十一18）有傳統說，彼得認為自己不配以與耶穌同樣的方式被釘死，因而要求倒釘十架受死，若這記載是真實的，他確實「榮耀上帝」了（約二十一19）！

4.2. 彼得前書內容

作者在起首的問安語中，表明自己是彼得，是耶穌基督的使徒，表示這封信是帶有使徒權柄的。讀者是「那些被揀選，分散在……寄居的人」(一 1；*eklektois parepidēmois diasporas*，原文直譯為「在散住中蒙揀選的寄居者」)，這稱呼與本書卷末的結語以羅馬教會為「在巴比倫與你們同蒙揀選的教會」(五 13)，實起首尾呼應之效，也突出了此書重要的主題：蒙揀選和寄居者。接著作者以 3 個介詞短語引申「蒙揀選的寄居者」這思想(一 2 上)：「照父上帝的預知」(*kata prognōsin theou patros*)；「藉著聖靈得以成聖」(*en agiasmō pneumatos*；原文直譯為「藉著聖靈的聖化」)和「以致順服耶穌基督，又蒙他血所灑的人」(*eis hupakoēn kai hrantismon haimatos Yēsou Christou*；原文直譯為「因而順服，並且被耶穌基督的血灑過」)，闡明了他們得蒙揀選的原委、方法和目標。

● 象徵巴比倫的獅子石壁現今屹立於伊拉克

作者藉著頌讚的禱告(一 3～12)，闡述上帝救贖恩典的浩大，叫人類得以更生；並藉著基督耶穌從死裏復活，能得到那永不動搖的盼望。這是信徒得以歡欣的原因。縱然如今經歷苦楚，但這並非來自上帝的懲罰。上帝的大能必定看顧那些憑信心過現今生活的人，叫他們至終得到在終末日子來臨之時所顯露的全備救恩。這救恩是上帝很早以前已為人安排的，舊約先知亦早有應許，在今時應驗在信徒身上。

作者勸勉受書人（一 13～二 10），身為信徒，既經歷上帝藉著耶穌所帶來的救贖，就要過聖潔的生活，正如上帝是聖潔的。專心敬畏上帝，與過往放縱的生活決裂，這是基督以其贖價所成就之救恩的目的。彼得也教導讀者同時要親愛教內的人，這是蒙上帝的道（福音）得以更新的人在生命中當有的表現。這福音改變了人對上帝和對人的態度。信徒要撇下那些破壞羣體生活的惡行，渴慕上帝純淨的話語，這是信徒生命得以成長的動力（二 1～3）。作為上帝的子民，他們的命途與基督是不能分割的。基督雖為世人所唾棄，但卻是活石，是上帝所揀選、寶貴的。彼得也將信徒比喻為活石，而這活石是用來建造一個屬靈宮殿的。他們既與基督同是活石，所以與基督有相同的遭遇，就是被人所丟棄，這是有信心的人共同分享的命途（二 4～8）。在此大段落結束時，作者引用了舊約經文「匠人所丟棄的石頭……使人跌倒的磐石」（7、8 節；參詩一一八 2；賽八 14），一再強調上帝子民羣體這獨特的身分，這彌賽亞的羣體，是祭司的羣體，他們所獻上的祭，就是他們的善行，並對上帝的恩惠的宣揚。他們就是上帝的殿，有上帝的同在和榮耀在其中。

彼得前書一章 3 節至二章 10 節闡述基督耶穌的救恩確立了上帝子民的身分、權利和義務。二章 11 節至四章 19 節則說明作為蒙上帝揀選的子民，在具體的生活中，特別是在一個非基督教信仰的社會中，應如何與社會中不同的人士交往，甚至選擇為義而受苦。二章 11 至 12 節可作為客旅和寄居者的「作戰策略」：謹守自己的生活行為，在他人面前要努力行善，期望這會使未信者歸向主。在二章 13 節至三章 12 節，作者以家庭法規的教導，強調要尊重人倫關係中權柄和順服的原則，然而最重要的是：要敬畏上帝（二17，三2；參三15），要行善（二11、15、20，三2、6、11、13、16、17），並盡可能與別人建立和睦（三10～11），作成美好的見證（二12，三1～2、13～16，四4）。基督作為耶和華的僕人，是行善受苦者的最佳典範，他不只為人留下榜樣，也賜予信徒能忍耐到底的能力（二21～25）。在社會中信徒要守法，為善不甘後人（二15）；作僕人的要順服（二18），寧願因行善而遭苦待（二19～20）：在某些事上，他們因意識到上帝是他們的主，因而不隨肉身的主人行惡，為此，他們便要承擔被屈枉之苦；妻子要有貞潔品行（三2），順服自己的丈夫（三5），信道的丈夫要合理的對待妻子（三6）。信徒遭遇不公的對待時，不要以惡報惡，得蒙恩典的目的，是要成為其他人的祝福，那些惡人，主自會處置他們（三10～13）。

本書中苦難這主題，在新約眾書卷中，最為突出。「受苦」（paschō）一詞，在新約出現了42次，然而在彼得前書卻已出現了12次（二19、20、21、23，三14、17、18，四1〔2次〕、15、19，五10）。

三章13節至四章7節則指出，即使信徒因為行善而受苦，仍是有福的，基督的得勝已說明**受苦**有益。在世為義受苦的，將來必得著榮耀，正如基督曾經歷的。基督復活後，向囚禁在陰間的靈體宣告他的得勝（三18下～19）。基督為罪人受苦，正是要處理人的罪，這是救贖的目的，叫現今僑居於今世的信徒能擺脱罪的綑綁（四1～3），將來面對上帝的審判，在屬靈的領域中能活在上帝的面前（四5～6）。

四章7至19節則鼓勵末世的信徒要互相支持守望、彼此相愛服事，以面對前面的挑戰，到基督復臨時，信徒要在他面前交帳。作者在此特別提及那些為基督的名受苦的信徒，他強調上帝榮耀的靈會與他們同在，他們若是因作基督徒而受苦，將來上帝會為他們平反，他們要信靠那創造生命的主，將自己的生命交託給祂（四12～19），好像基督將自己的生命交託於上帝一樣（二23）。在二章12至四章19節這一段落中，「上帝的旨意」出現了3次（二15，三17，四19），說明了行善是出自上帝的心意，這可能暗示：因行善而要付上受苦的代價，也是上帝的旨意。

從四章7節開始，作者已將焦點放在信徒羣體身上。五章1～11節論到教會中長老與信徒之間的關係。長老雖為基督作見證而受苦——與作者自己一樣——然而他們若忠心到底，必得榮耀的冠冕（五1～4）。在結束書信時，作者再次教導受書人要學習「尊重」。教會中長幼有序，然而各人都要持謙卑的態度（五5）。作者引用箴言三章34節，説明降卑與高升的原則（彼前五6）：信徒在羣體中要學習彼此順服。這原則是建基於上帝，祂是那位任何人都要服從的上帝，因為祂曾以大能的手將人從罪惡中拯救出來。在完結前，作者認定上帝是可靠的，若信徒以信心抵擋仇敵魔鬼，雖然要面對苦難，然而主必加力，賜他們恩典，他們最終必能得享上帝永遠的榮耀（五7～11）。

卷末的問安語（五12～14）與保羅書信的格式有相似的地方。保羅通常以問安、推薦、簡短的祝禱作結（參林前十六15～24；帖前五23～28）。作者推薦忠心的西拉，並重申此信勸勉的內容。信徒在苦難中能為著忠於「那受苦及後來得榮耀的基督」的緣故，而堅持到底，這正是上帝的恩典在他們中間的明證，他們要在這恩典上「站立得住」（五12），不致偏離。作者最後轉達羅馬教會和馬可的問安，祝願他們平安。

保羅的同伴西拉

西拉（原文：*Silouanos*；《呂振中譯本》提供另一個譯名「西勒瓦」）這名字源自拉丁語 *sylva*，意思是「一塊木頭」。他的名字反映了他是一個在希羅文代背景下長大的猶太人，使徒行傳把他描述為一位羅馬公民（十六 29、37～39）。

在初代教會時期，西拉是耶路撒冷教會一位重要的領袖，後從耶路撒冷被差派至安提阿教會事奉（徒十五 22）。保羅第一次宣教旅程後與馬可分道揚鑣，而在第二次宣教旅程中，保羅以西拉代替馬可，西拉便成為保羅的隨員（徒十五 40，十六 90、25，十七 4、10、14，十八 5）。在行程中，西拉與保羅在腓立比一同被囚在獄中（徒十六 16～34），與保羅一同經歷艱苦。他與保羅、提摩太同是帖撒羅尼迦前書（一 1）和帖撒羅尼迦後書（一 1）的寫信人，彼得稱他為「忠心的弟兄」（彼前五 12）。他可能是此書信的送信人，當時的送信人不只是送信，同時也是特使，負責傳遞那差他之人的信息；亦因如此，他極有可能很熟悉沿途的教會。在保羅最後一次返耶路撒冷之後，西拉再沒有被記述為保羅的同伴，他可能在此與保羅分手，成為彼得的伙伴。使徒行傳形容西拉為先知，並指出他「用許多話勸勉弟兄，堅固他們」（徒十五 34）。可見西拉最為突出的恩賜可能就是教導、勸勉。

彼得前書摘要

信息：勉勵信徒如何在所身處的社會中，活出上帝子民的身分，熱心行善，甚而為此受苦，效法基督的榜樣，並靠著基督和上帝的恩典，過地上寄居的日子。

作者：耶穌的門徒，使徒西門．彼得。

寫作日期：公元 62～64 年間。

大綱

A. 卷首問安語（一 1～2）

B. 蒙上帝揀選得以成聖之屬上帝的子民（一 3～二 10）

a. 祝頌（一 3～12）

b. 蒙上帝揀選之上帝子民的新生活形態（一 13～二 10）

C. 上帝子民在世作為客旅的生活（二 11～三 12）

a. 總括性的勸勉（二 11～12）

b. 順服的生活（二 13～三 12）

D. 從基督受苦看基督徒的為義受苦（三 13～四 6）

a. 基督徒在受苦中的見證（三 13～17）

b. 基督經歷苦難後高升得勝帶來救恩（三 18～22）

c. 基督徒好像基督一樣受苦的價值（四 1～6）

E. 末世信徒羣體的特質（四 7～19）

a. 彼此相愛及服事的羣體（四 7～11）

b. 為基督受苦並一心為善的羣體（四 12～19）

F. 忠於上帝而受苦的信徒羣體（五 1～11）

G. 卷末問安語（五 12～14）

溫習及思考問題

1. 你人生的盼望是甚麼？與彼得所提到的盼望有分別嗎？
2. 彼得指出要怎樣才能建立基督徒的生命？
3. 我們在上帝眼中的身分是甚麼？這身分的重要性在哪裏？這身分與基督又有甚麼關係？
4. 彼得說我們在地上是過客，為何這不會叫我們感到厭世或避世，反而是叫我們積極行善，過負責任的生活？
5. 我如何可以在我所身處的崗位上——不論是社會、工作或家庭的崗位——的人際關係中，見證我們的信仰？
6. 對為行善的緣故而受苦的信徒，彼得有何安慰和勸勉？
7. 當末日臨近的時候，彼得強調信徒的羣體生活，其原因何在？你的教會生活，於你面對壓力時，能成為支持嗎？你又能否成為別人的支持？

第五章

彼得後書與猶大書概述

- 寫作背景和目的
- 彼得後書內容
- 猶大書內容

5.1. 寫作背景和目的

彼得後書與猶大書這兩卷書的內容十分相似，都是為駁斥教會中與使徒傳統有別的教導而寫的。兩位作者都是以使徒傳統立場的領袖或守護者身分，寫信給「第二代基督徒」（亦稱為「後使徒時代」的信徒），提醒他們，使徒們昔日所教導的，都是可靠的（彼後一16「我們從前把我們主耶穌基督的大能和他來臨的事告訴你們……」；猶3節「要為從前一次交付給聖徒的真道竭力奮鬥」）。這反映作者非常看重使徒傳統的純正以及這傳統在新一代信徒的信仰生活中的延續性。

這兩封書信的收信人都是（某地區的）一般基督徒，而不是某特定教會或特指某些信徒。兩者所用的措辭亦非常相似，特別是彼得後書二章1至18節和猶大書4至18節。兩者相似之處，大概反映兩個讀者羣所面對的「假先知」、「假教師」都很相似，甚至可能是同一羣人。收信的人可能對基督再來感到失望，因而受了這些假先知、假教師的教導的影響。

彼得後書的作者顯示出敏銳的觸覺，提醒收信人要當心過去所受的教導，並且不應該對這些背道的事情灰心或失望，因為舊約先知早已預言，會有假先知、假教師來到他們中間。而那些不敬虔的人於終末的日子必受審判，這正好證明萬有的主宰，這位至高無上的上帝，最終之得勝。

猶大書則繼續談論相同的主題，指出不敬虔之人滅亡的情境，藉此勸勉信徒追求真道。書中用很大篇幅敘述從前的日子，滅亡是如何臨到那些叛逆的人，其中包括埃及人、所多瑪人、蛾摩拉人以及其他一些地方的人。為了支持自己的立場，猶大書的作者又引用當時流行於猶太羣體中的一份天啟作品《以諾一書》（*I Enoch* 1.9；約寫於公元前 2 世紀），證明上帝擁有審判眾人的大能。

某程度上，彼得後書與猶大書兩者在內容上相似之處，亦凸顯了這兩卷書與彼得前書的不同。彼得前書在談到信徒所遇到的迫害時，語氣比較緩和，但彼得後書和猶大書所用的語氣則比較嚴厲迫切。這主要是因為這兩卷書與彼得前書的寫作處境不同。彼得後書反映的是教會中假先知、假教師橫行的情境：他們雖曾作教會領袖，但卻教導一些作者不能認同的言論，而信徒都受了他們的迷惑。因此，作者用非常強烈的字眼描述這些假先知和假教師的表現、準則和行為，宣告必將臨到他們身上的懲罰。

兩卷書的作者問題

關於彼得後書的作者問題，儘管作者自稱為使徒「西門．彼得」，但不少學者都認為這書是託名之作。這有以下的原因：

1. 公元 3 世紀之前，始終沒有任何教父或著作提及這封書信，但彼得作為教會之首，當然是人所熟悉的，他的作品理應很受歡迎。3 世紀的教父俄利根更指出這封書信的真實性受到爭議（約公元 240 年）。
2. 彼得後書與彼得前書的寫作風格不同。倘若彼得前書確實是出於使徒彼得的手筆（這也是一般學者的立場），我們就很難解釋，為何同一位作者的兩部作品的寫作風格差別那麼大；況且，彼得後書反映那種富有文采的希臘文風格和措辭，似乎不像出自一位加利利漁夫之手。
3. 作者把保羅書信看為當時教導的權威（彼後三 15～16），但在彼得生前，保羅書信或許並不具有如此重要的地位。

猶大書的作者自稱為「雅各的弟兄猶大」（猶 1 節）。一般英文書名都用 Jude 這名稱，但這名字按原文亦可譯作 Judas。在新約聖經中有好幾個人有這名字，如：

雅各的兒子猶大（參路六16；徒一13）；在居里扭作敍利亞總督時，攪叛亂的加利利的猶大（徒五37；路二2）；出賣耶穌的加略人猶大（太十4）；保羅在大馬士革城裏暫居在一名為猶大的人的家裏；耶路撒冷教會其中一位領袖猶大．巴撒巴（徒十五22）；十二門徒其中一位，即雅各的兒子猶大（路六16；徒一13；亦稱為達太，參太十3），以及耶穌的兄弟（可六3；太十三55）。作者特別以「雅各的兄弟」來介紹自己，是特意標明他與耶穌的兄弟關係。在初代教會裏，最為人熟悉的一位「雅各」理當是耶穌的兄弟（太十三55；可六3），他是耶路撒冷教會的領袖，亦可能是雅各書的作者。這書大概寫於猶大晚期。不過，有學者認為，由於作者在寫信時，暗示使徒時代已經過去（猶17～18節），又提到「真道」這詞，所用的字眼像是指過去流傳下來的傳統（猶3節），因此，作者可能是2世紀初的信徒，託耶穌兄弟猶大的名寫了此卷書，目的是要藉此加強這封書信的權威。

5.2. 彼得後書內容

彼得後書的整體信息都是圍繞著兩個緊密相連的主題的：第一，假教師的出現；第二，這些假教師、假先知否認基督再來。讀者不難發現彼得後書二章尤其生動地描述這些內容。此外，作者除了責備假教師道德上的敗壞——放肆、淫亂、不尊重權柄，更責備他們貪婪（二3、14～15），在那些信心不足的人和信仰不穩固的人身上取得利益（3、14、18～19節）。作者還用活靈活現的畫面，描繪那些人棄絕基督的人的行為，有如「狗回頭吃自己吐出來的東西……豬洗淨了，又回到爛泥裏打滾。」（22節）另一方面，作者也勸誡那些切切等待我們主再來的人，要過「聖潔敬虔」的生活（三11～12）。

關於基督的再來，作者看為是必然的事實，並且，當他再來，便會審判那些在活著的日子曾棄絕基督的人。作者特別強調，他所傳揚基督來臨的事，不是「捏造出來」的，而是作者及當代的人「親眼見過」的（一16）；這親眼見過的事，是指基督在山上改變形象這事件。此外，舊約先知所說的預言，都是真實且完全可靠的（19～21節）。作者又強調這些預言記載在「**經上**」，是不能曲解的。之後，作者又預言「假先知」要來，而這情況在「從前」曾經發生過（二1）。

這「經上」是指舊約聖經。

於書卷末段，作者又向讀者作出勸誡（三章）。他再次提醒讀者，「聖先知」和「使徒」的話都是確實的（三2），上帝的話語是可靠的——這話在太古創造了世界，如今天地仍然靠這話存留，直到審判之日到來（5～7節）。

除了書卷開首的問候和結語（一1～2，三11～18），整篇書信分為4部分，其重點是信徒要持守主再來的應許，過敬虔的生活，這是因為有些人否認主會再來並施行審判，還有些人則過著如異教徒一樣的生活。

5.2.1. 問安（一1～2）

這裏的問安並非一般的開場白，作者在開篇問候的話中，就強調對上帝和主耶穌基督的認識的重要性。毫無疑問，有正確的知識就能分辨異端與正統信仰了。作者稱收信人為那些領受了從上帝而來的「義」的人。

5.2.2. 陳明主題：敬虔和永恆的國度（一3～11）

這段經文提綱挈領地總結了彼得最後的教導：作者希望信徒在他

死後能記住他所教導的。作者勸誡信徒在敬虔上成長，從而堅定他們的「蒙召和被選」（一10），以致他們「必充分地有把握進入……永遠的國度」（11節）。作者這種撰寫的手法，可能是為了方便日後的傳道工作。此段的內容可分為3個部分：

- 首先回顧上帝過去的拯救行動（3～4節）。上帝的權能已將一切「關乎生命和虔敬」所需的事賜給我們，使我們能夠「分享上帝的本性」。
- 然後是一段道德勸勉（5～10節）。這段經文有承上（在回顧的基礎上）接下（下啟第三部分的內容）的功能。作者激勵信徒必須追求在敬虔上長進，若然缺乏這些敬虔的素質，生命就沒有成效了。
- 最後提出末世救恩的應許，就是要進入救主耶穌基督為我們預備的國度（11節）。基督徒如果想承受上帝關於末世救恩的應許，就必須藉著品德上的勤勉追求，使他們所蒙的呼召堅定不移。

因此，這段經文從兩方面對使徒的教導作正面陳述：一是將來的盼望，二是品德行為上的激勵。接著的篇幅則從反面出發，駁斥敵人對末世的懷疑態度和道德上的放蕩。

5.2.3. 作者最後的囑咐（一12～21）

這卷書好像臨終囑託，一方面表達出作者鄭重的態度，同時讓讀者（信徒）把這些教導永遠銘記在心。作者特別囑咐讀者要牢記「主耶穌基督的大能和他來臨的事」，又刻意反駁一些假教師的攻擊。這些假教師指出，使徒所傳講的、耶穌將要作為審判者和君王再來的信息，並不是出於神聖的啟示，而是人自己捏造出來的「無稽傳說」（一16）。

作者重申主再來的事是千真萬確的，並提出兩方面的證據：一、他身為昔日耶穌基督見證人之一，曾經親自目睹耶穌改變形象的事（16～18節）。這變像表明，耶穌蒙上帝交託他將來的職分，也就是他在榮耀中降臨時要履行的職分。二、最重要的是，這一切均有受聖靈感動說預言的（舊約）先知為證（19～21節）。然而，那些假先知否認先知所寫的預言是從上帝來的。作者認為，雖然假先知可能得到一些異兆、異夢和異象，但他們只是隨己意解釋，他們的解釋並不是從上帝來的。

5.2.4. 控訴假教師（二1～22）

接著前文強調受聖靈感動的先知所說的預言，作者在這裏指出假先知要來的事。他們說：上帝的審判永遠不會來臨，上帝要不擱下這事，就是在睡覺（3節下）。所以作者一開始就指出假教師的貪婪及邪淫，並指出他們的刑罰早已定了（1～3節）。

作者舉出舊約中眾所周知的事件為例，以反駁敵人的謬論，包括對墮落的天使的審判（4節；這是根據當時猶太人對創世記六章1至6節的解釋），大洪水的審判（彼後二5），以及所多瑪和蛾摩拉的毀滅（6節）。這些例子揭示了上帝審判惡人的大原則，就是「把不義的人留在懲罰之下等候審判的日子」（9節下），這預表了將來的審判。作者提到洪水的普世性，又提到所多瑪、蛾摩拉被火焚燒，因為這些事件預表著將來用火進行的普世審判（三7、10）。

這些舊約的例子還表明，上帝在審判惡人的同時，要把義人搭救出來（二9上），挪亞和羅得就是美好榜樣。這兩個人都是在世界已經敗壞並面臨審判的時候，仍然堅持過義的生活的人（5節；7～8節「只

創世記沒有將羅得描繪為義人（參創十九30～38），但猶太解經傳統卻認為羅得是一個義人（參《主要米大示——創世記》〔Midrash Rabbah on Genesis〕）。彼得後書這節經文明顯採用了猶太傳統的解釋。

搭救了那常為惡人的淫蕩憂傷的**義人羅得**，因為那義人住在他們當中，他正義的心因天天看見和聽見他們不法的事而傷痛」）。同樣，有信心的基督徒也會蒙主搭救，脱離末世的審判。挪亞和羅得之所以能夠堅守正義，是因為他們盼望上帝的義得勝，並且上帝在那時要搭救他們。同樣，彼得後書的讀者也應該懷著基督再來的盼望，堅持行義。接著的這段經文揭露了假先知、假教師的各種罪惡（9～22 節），某些材料來自猶大書（參猶 6～8 節）。

這些所謂的基督徒厚顏無恥，故意犯罪，把自己淩駕於道德約束之上。他們輕視邪惡的勢力（10 節下），完全不把被邪惡抓住的危險放在心上。作者把這些人比喻作沒有理性的牲畜，天生就是為了給人宰殺（12 節）。作者提到這些人公然耽湎於聲色口腹之樂，甚至教會團契裏面的歡宴也成了他們放縱自己的機會。「一同歡宴」（13 節下；*suneuōchoumeno*）其實就是指「愛筵」。13 節「詭詐」（*apatais*）的希臘文與猶大書「愛筵」（猶 12 節；*agapai*）這希臘文字形及字音相近。作者一語雙關地把教會裏的「愛筵」與「詭詐」連在一起，表明這些所謂一同吃飯，其實背後帶著詭詐。作者又用了極嚴厲的口吻，形容這些人如舊約那位因貪財而瞎了心眼的先知巴蘭。這位先知連牲畜都不如（彼後二 15～16；參民二十二章），因此，那些厚顏無恥的假先知就連牲畜都不如。這些人曾經是領袖，也跟隨過基督，但後來背棄了他，轉回敗壞的世界裏去，他們的結局比先前「更不好」，這樣的人不如從沒跟過耶穌倒好（彼後二 20～22）。

彼得後書和猶大書的相似之處

凡讀過彼得後書與猶大書的人，都會發現猶大書與彼得後書在某些課題（特別是假教師）的內容上、寫作次序上，以及語文表達上有許多相同的地方。估計大概有百分之三十的詞彙同時出現在兩卷書裏，甚至那些在新約書卷中沒有出現的詞語，都可見於這兩卷書，例如「漆黑的幽暗」（彼後二17；猶13節；*ho zophos tou skotous*）；「好譏誚的人」（彼後三3；猶18節譯作「好嘲弄的人」；*empaiktai*）。其中最為顯著的兩段經文是彼得後書二章1至18節和猶大書4至18節的內容。

由於猶大書作者清楚註明某些內容的出處和細節（参彼後二11～12；猶9～10節），而彼得後書作者則只間接提及出處，一般學者都認為，猶大書先面世，然後被彼得後書採用。但亦有學者認為，兩位作者都使用當時流行的一份現已失存的文獻。

彼得後書	猶大書
從前在民間中有假先知起來；同樣，將來在你們中間也必有假教師，偷偷地引進陷害人的異端，他們甚至不認買他們的主人，自取迅速滅亡。（二1） 他們因貪婪，要用捏造的言語在你們身上取得利益。他們的懲罰，自古以來並不遲延；他們的滅亡也必迅速來到。（二3）	因為有些人偷偷地進來，就是早就被判定受懲罰的不虔誠的人，他們把我們上帝的恩變為放縱情慾的機會，並且不認獨一的主宰—我們的主耶穌基督。（4節）
雖然你們已經知道這些事，並且在你們已有的真道上得到堅固，我還是要常常提醒你們這些事。（一12）	這一切的事，你們雖然知道，我卻仍要提醒你們：從前主只一次就救了他的百姓出埃及地，後來卻把那些不信的滅絕了。（5節）
既然上帝沒有寬容犯了罪的天使，反而把他們丟在地獄裏，囚禁在幽暗中等候審判。（二4）	至於那些不守本位、離開自己住處的天使，主用鎖鏈把他們永遠拘留在黑暗裏，等候大日子的審判。（6節）

彼得後書	猶大書
既然上帝判決了所多瑪和蛾摩拉，將二城傾覆，焚燒成灰，作為後世不敬虔人的鑒戒……（二6） 尤其那些隨從肉體、放縱污穢的情慾……更是如此。（二10上）	同樣，所多瑪、蛾摩拉，和周圍城邑的人也跟著他們一樣犯淫亂，隨從逆性的情慾，以致遭受永不熄滅之火的懲罰，作為眾人的鑒戒。（7節）
藐視主的權威的人……他們膽大任性，無懼地毀謗眾尊榮者。（二10下）	照樣，這些做夢的人也污穢身體，輕慢掌權者，毀謗眾尊榮者。（8節）
就是天使，雖然力量權能更大，在對他們宣告從主來的審判的時候還不用毀謗的話。（二11）	天使長米迦勒為摩西的屍首與魔鬼爭辯的時候，尚且不敢用毀謗的話譴責他，只說：「主責備你吧！」（9節）
但這些人好像沒有理性的牲畜，生來就是要被捉拿宰殺的。他們毀謗自己所不知道的事，正在敗壞人的時候，自己也遭遇敗壞。（二12）	但這些人毀謗他們所不知道的。他們與那些沒有理性的牲畜一樣，只做本性所知道的事，敗壞了自己。（10節）
他們離棄了正路，走入歧途，隨從比珥的兒子巴蘭的路；巴蘭就是那貪愛不義的工錢的人……（二15）	他們有禍了！因為他們走該隱的道路，又為財利往巴蘭的錯謬裏直奔，並在可拉的背叛中滅亡了。（11節）
為所行的不義受不義的工錢。他們喜愛白晝狂歡，他們已被玷污，又有瑕疵，正與你們一同歡宴，以自己的詭詐為樂。（二13）	這樣的人是你們愛筵上的污點；他們無懼怕地同你們宴樂，彷彿牧人只顧餵飽自己。（12節上）
這些人是無水的泉源，是狂風催逼的霧氣……（二17上）	他們是無雨的浮雲，被風飄蕩；是秋天沒有果子的樹，死而又死，連根被拔出來……（12節下）
有漆黑的幽暗為他們存留。（二17下）	是海裏的狂浪，湧出自己可恥的沫子來；是流蕩的星，有漆黑的幽暗永遠為他們保留著。（13節）
尤其那些隨從肉體、放縱污穢的情慾、藐視主的權威的人更是如此。他們膽大任性，無懼地毀謗眾尊榮者……（二10） 他們說虛妄誇大的話，用肉體的情慾和淫蕩的事引誘那些剛脫離錯謬生活的人。（二18）	這些人喜出怨言，責怪他人，隨從自己的情慾而行，口說誇大的話，為自己的利益諂媚人。（16節）

5.2.5. 假教師錯誤教導的本質：否定主再來（三1～10）

在內文的最後部分，作者再次提到關於主再來的事情。作者先回顧舊約先知和使徒預先所說有關假教師的話（三 1～4）。這些假教師所傳的，是否定主再來的事實，認為當萬物與被造的時候相比，一切都沒有任何改變，「因為從列祖長眠以來，萬物與起初創造的時候仍是一樣啊！」（3～4 節）作者從兩個方面回答了三章 4 節譏誚者所說的：「他要來臨的應許在哪裏呢？」

首先，作者反駁這些敵對者所作出的推理（三 4），指出世界雖然仍是人的安居之所，但人不應該把這視之為理所當然的事，因為世界是靠著創造主的旨意而得以依然存留的（5～7 節）。作者描述世界是在混沌中從水造出來的（5～6 節；參創一 2、6～7、9），而水又曾在洪水時期淹沒了世界（參創七 11）。既然曾出現過藉水施行的對普世的審判，那麼，先知預言將來仍有一次藉火對普世施行審判的這一說法，同樣也是可信的（彼後三 7）。

其次，作者把現時天地仍然存留的原因，訴諸於上帝的忍耐（三 8～10；參詩九十 4）。作者把上帝的永恆歷史觀與人的短見作比較。當人說上帝的應許「遲延」（彼後三 9），是根據人的標準所下的急躁判斷。而且，即使上帝的應許延遲了，也不應該成為人抱怨的理由，因為這是上帝恩典的彰顯，上帝藉著這恩典寬容罪人，盼望罪人悔改。雖然如此，罪人卻不應該利用上帝的忍耐，遲遲不肯悔改。為此，作者又再強調，耶穌再來的日子要像夜間的賊一樣，在人料想不到的時候突然來到（10 節；參太二十四 43～44；帖前五 2）。

5.2.6. 勸勉和結尾（三11～18）

作者先前警告假教師，現在又同樣警戒和勸勉讀者（11～15節上）。讓讀者注意，大火審判之後，以賽亞曾預言的新天新地便要到來（賽六十五17）。接著，作者指出，保羅在忍耐和救恩方面也說過類似的話，但假教師的一些錯誤教導歪曲了保羅的教導。最後，作者在書信的結尾重申書信起首處所提出的觀點，警戒、勸勉信徒要在恩典上長進。

彼得後書摘要

信息：作者以臨終遺願的表達方式，激勵基督徒在靈裏成長，在面對假教師的錯謬教導時，仍要堅守真道。

作者：使徒彼得。不過早期教會和不少新約學者都認為，作者也許是一個門徒，他為教會寫了這篇好像「彼得遺囑」的書信。

寫作日期：如果作者是彼得，寫作年期約公元64年；如果是其他門徒，時間就應更晚。

大綱

A. 問安（一1～2）

B. 陳明主題：敬虔和永恆的國度（一3～11）

C. 作者最後的囑咐（一12～21）

D. 控訴假教師（二1～22）

E. 假教師錯誤教導的本質：否定主再來（三1～10）

F. 勸勉和結尾（三11～18）

5.3. 猶大書內容

5.3.1. 問安（1～2節）

在初代教會裏，最為人熟悉的一位雅各理當是耶穌的兄弟（太十三55；可六3），他是耶路撒冷教會的領袖，亦可能是雅各書的作者。必須留意的是，猶大和雅各這兩位耶穌的兄弟，都沒有以他們與主耶穌的關係，樹立自己的權威；相反，他們強調自己是耶穌的「僕人」（猶1節；雅一1）。猶大問安的話本身強調了信徒的「被召」以及信徒在上帝裏面的「憐憫、平安、慈愛」。

5.3.2. 寫信的原因（3～4節）

作者似乎本來想很詳盡討論有關基督信仰中的救恩問題，但由於聽到教會受到一些假教師「偷偷地進來」迷惑信眾，所以他就急忙寫了這封短短的書信。這些假教師把基督徒的自由當成了免受道德約束的自由。他們拒絕基督的道德要求，就等同於否認了耶穌基督是主。

5.3.3. 對假教師的警戒（5～19節）

由於這些都是教會裏的人（12節「這樣的人是你們愛筵上……」），所以信徒有點不知所措。作者強調，這些假教師的出現正是預言中末世會出現的危險的一部分，實不足為怪。他們的放縱行為及他們將來要受的審判，在預言中早就提過了（5～19節）。猶大書的讀者當面對這樣的危險，必須遵照眾使徒對眾聖徒的教導，為福音真道而奮鬥。這段經文可分為3個小段。

5.3.3.1. 3個舊約聖經的預表（5～10節）

作者先列出3個聖經中的例子，警戒那些為自己招來上帝審判的人：出埃及以後在曠野中滅絕的整整一代以色列民（參民十四章）；離開天上的住處，要與女人交合的天使（參《以諾一書》6至19章對創世記六章1至4節的解釋）；以及所多瑪城和蛾摩拉的人。作者提及所多瑪和蛾摩拉城的人被定罪，不是因為同性戀的行為，而是因為他們試圖與天使交媾（創十九4～11）。第一個例子則是要特別警戒主自己的百姓，提醒他們雖然經歷了救恩，如果抗拒主的權威，也不能倖免於審判。第二和第三個例子的重點在於指出受造物無恥地違反自身的道德秩序。

猶大書所批評的敵人跟這些預表中的對象相同（8節），他們耽湎於淫亂的行為，抗拒主的誡命，並且跟所多瑪城的人一樣，侮辱天使（8節「眾尊榮者」）。也許這些人毀謗眾天使的職分，不承認他們是道德秩序的護衛者。猶大對控訴敵人毀謗天使的罪行之描寫，極為詳盡，並把他們的行為與天使長米迦勒的行為相對照（9～10節）。

5.3.3.2. 更多警戒（11～16節）

作者進一步引用另外3個古代人物作例子，說明這些過去的故事其實是預表教會中假教師的敗壞（11節）。例如：該隱是傳統猶太人眼中的第一個異教徒；先知巴蘭因為貪圖錢財，竟然引誘以色列人離棄上帝（民二十五1～4，三十一16）；可拉是分裂者的原型，帶頭反抗摩西的權柄和他的教導。這些假教師正是在教會的愛筵這樣的場合散播虛假的預言，引誘人放縱；所以，他們與人親近，就如同暗礁之於船隻那樣危險。他們聲稱自己是羊羣的牧人，卻要求教會支持他們，其實他們餵養的只是自己。

最後，猶大引用另外一部猶太天啟文體作品《以諾一書》裏面的一段話，證明假教師必然要受審判（14～15 節）；並最後一次描述他們不敬虔的生活方式（16 節）。

偽經的使用

猶大書和彼得後書都提到猶太人希伯來聖經以外的其他猶太作品，例如《摩西升天記》（*Assumption of Moses*）中，天使長和魔鬼爭論的故事（彼後二 10～11；猶 8～10 節），以及《以諾一書》6 至 16 章的內容，其中記有上帝懲罰犯罪天使的故事（彼後二 4；猶 6 節）。猶大書另外也引用《以諾一書》的其他經文（猶 14～15 節與《以諾一書》1.9 平行），而作者引用時更是清楚引述出處（14 節「亞當的七世孫以諾……」）。

兩卷書的作者在使用（和引用）這些偽經作品時，如同引用希伯來聖經，視之與希伯來聖經具有同等權威。當時，雖然希伯來聖經（或舊約聖經）正典已有部分的輪廓，但仍未完整，因此對不少猶太人來說，偽經和聖經仍具有同等價值。彼得後書和猶大書兩位作者在書中引用這些經文，也許就是反映他們對這些書卷的認同。

《摩西升天記》是一份已經失傳的文獻，但《以諾一書》卻是相當完整的。《以諾一書》是在猶太的社會背景底下寫成的文集；這文集可分成 5 部分：

第一部（1～36 章）：首 5 章是引言，其中提及末世時代和義人、罪人的最後審判，隨後的是有關天使墜落的描述和口諭。

第二部分稱為「比喻篇」（37～71 章）：論及義人和惡人的審判，亦提及彌賽亞、人子等人物的來臨。

第三部分稱為「星運篇」（72～82 章）：討論大自然的景象，包括太陽的運行的日曆表（按此計算，一年為 364 天），末世時宇宙的混亂。

第四部分稱為「異夢篇」（83～90 章），主要包括兩個有關人類和以色列人將來歷史的異象。

第五部分可稱為「以諾書信」（91～104 章），再次強調義人蒙福和惡人受審的定律。

5.3.3.3. 使徒的警告（17～19節）

以諾的預言代表著上古時代的預言，緊接的是眾使徒的預言，而使徒的教導正是這書的讀者的信仰基礎。19 節表明假教師引人結黨，糾集了一批精英，宣稱這些人跟他們自己擁有同一種的屬靈恩賜。然而，他們的行為明顯不是受聖靈感動，而是受自己的本性所牽引的。

5.3.4. 呼籲信徒持守真道（20～23節）

考慮到假教師所帶來的危險，作者特別提醒讀者應當起來「為……真道竭力奮鬥」(3 節)。作者把基督徒的生活總結成 4 個命令(20～21 節)：要堅守信仰，要多多禱告，要常在上帝的愛中，要等候主的來臨。至於對受到假教師影響的人，作者勸勉教會信徒在幫助這些人時，既要有愛心，但也必須額外小心，以免自己也受影響。

5.3.5. 祝福語（24～25節）

這是一段華麗的祝福語：「願那能保守你們不失腳，使你們無瑕無疵、歡歡喜喜站在他榮耀之前的、我們的救主獨一的上帝，藉著我們的主耶穌基督，得享榮耀、威嚴、能力、權柄，從萬古以前，到現今，直到永永遠遠。」內容強調上帝對祂子民的保守。這段經文與 21 節彼此呼應：作為信徒，我們的責任是「保守自己常在上帝的愛中」(21 節)，但最終仍是上帝「保守【我們】不失腳，使【我們】無瑕無疵……站在他榮耀之前」(24 節)。

猶大書摘要

信息：強調信徒過聖潔生活的重要性，並應如何持守真道，這樣，上帝則保守祂的子民。

作者：自稱是「雅各兄弟」的猶大。

寫作日期：估計在1世紀晚期（公元70年以後）。

大綱

A. 問候（1～2節）

B. 寫信的原因（3～4節）

C. 對假教師的警戒（5～19節）

  a. 3個舊約聖經的預表（5～10節）

  b. 更多警戒（11～16節）

  c. 使徒的警告（17～19節）

D. 呼籲信徒持守真道（20～23節）

E. 祝福語（24～25節）

溫習及思考問題（5.2）

1. 彼得後書與猶大書在內容上有何相似的地方？試從書卷內容引用例子。
2. 彼得後書及猶大書的讀者的教會正面臨甚麼相同的問題？
3. 彼得後書圍繞著兩個緊密相連的主題，這兩個主題是甚麼？
4. 在一章 3 至 11 節裏，作者如何勸誡信徒在敬虔生活上成長？這段經文對你有何提醒？
5. 作者提出哪兩方面的證據指出主再來這事情的真確性？你如何看這兩方面的證據？
6. 作者如何描述那些假教師？他們的結局如何？今天的教會有否假教師的存在？你如何分辨？

溫習及思考問題（5.3）

1. 作者寫此書信之原本目的何在？他為何後來又改變他的目的？
2. 作者提到那些假教師，是從哪裏來的？他們如何影響著教會內的信徒？你有經歷過這情況嗎？你如何面對？
3. 作者引用舊約中 3 個聖經人物，為要帶出甚麼信息？作者如此引用，是否反映了人不會因為社會進步而道德標準有改進？
4. 作者如何引用偽經？在作者心目中，偽經當時的地位如何？與今日的基督教有何分別？
5. 作者如何呼籲信徒堅守真道？對於現今世代的信徒，這又有何難行之處？

第六章

約翰書信概述

- 約翰書信的特色
- 約翰壹書內容
- 約翰貳書內容
- 約翰叁書內容

約翰書信所反映的教會處境，與彼得後書和猶大書相似，同樣是教會領袖們在信仰上出現分歧，但問題卻嚴重得多。這些離開正統教導的人，不單是「從我們中間出去」的（約壹二 19），而且更被稱為「敵基督者」（18 節），這是因為這些不屬於他們的人，並非只是偏離了某些正確的教導，且是背棄了基督信仰的核心元素：「不認父與子的」（22 節）。

由於 2 世紀的主教帕皮厄斯（Papias）提到，以弗所教會有一位叫「長老約翰」的領袖，並將他和使徒約翰區分開來。故此，有學者相信這些書信都是由一位名為約翰的長老寫成的。

這 3 封以約翰壹書、約翰貳書、約翰叁書命名的書信，風格和內容十分相近，相信是出自同一位作者的手筆。雖然作者並沒有在這些書信中表明自己的身分，僅自稱為「**長老**」（約貳 1 節；約叁 1 節），但一般都認為，這 3 封書信與約翰福音（又稱「第四福音書」）都是十二使徒之一、西庇太的兒子使徒約翰的作品。

6.1. 約翰書信的特色

6.1.1. 約翰壹書與約翰福音

無論作者是誰，這 3 封書信與第四福音書有許多相同主題。這些相似之處至少表明，書信的作者（或「長老」）必定與撰寫第四福音書的作者是同屬一個信仰羣體；他甚至可能曾參與這卷福音書的寫作。右頁表列是一些例子。

6.1.2. 約翰書信的寫作風格

這 3 封書信極可能都是在同一段時間寫成的（約公元 80 年代末或

主題	約翰福音	約翰壹書
基督是「道」(*logos*)	一1、14	一1
基督或上帝是光	一9，八12，九5等	一5，二8
行走、居住光中或黑暗中	八12，十一9～10，十二35、46	一6～7，二10～11
新命令：彼此相愛	十三34，十五12	二7～8，三11、23，四12、21
屬世界或不屬世界	八23，十五19，十七14、16，十八36	二16，四5
上帝的兒女或魔鬼的兒女	八44	三10
遭世人恨惡	七7，十五18～19、23～25，十七14	二13
永生是即時的	三36，五24，六47、54	三14，五11～13
基督是獨生(獨一)的兒子	一14、18，三16、18	四9
上帝差祂的兒子降世	三16～17，十36，十七18	四9、14

從存留下來的希臘和羅馬時代的書信原稿，可知當時的信件篇幅大概就像約翰貳書、約翰叁書。兩封書信的結尾都強調作者很想與收信人「面對面」談話，這大概暗示他寫信的紙張快要用完了。

90年代初)，但3封書信寫成的先後次序卻未能斷定。雖然3封書信風格和內容相近，但若再仔細比較，它們寫作的格式、對象卻有很大分別。約翰壹書是一篇徹頭徹尾的專論文章，既沒有問安也沒有祝福和感恩部分，寫作對象是以這名長老(或使徒約翰)為首的信徒羣體，估計他們是住在以弗所或以弗所附近地區的；但**約翰貳書、約翰叁書**則採用較為典型的書信格式，寫作對象則是某幾間教會，又或教會中與這位長老聯繫非常緊密的某些人。雖然約翰叁書在節數上比約翰貳書多，但在原文聖經裏，這書信是新約聖經中篇幅最短的書信，亦是整本聖經中最短的一卷書。

6.2. 約翰壹書內容

作者寫這書信（或專論）是因為眼見教會中有些人的信仰偏離了真道，就是那「起初」所信的道理（一1），這些人可能都是教會中的領袖。他們散播不正統的教導，導致信徒懷疑傳統信仰。「孩子們哪，如今是末世的時光了。你們曾聽見過那敵基督者要來，現在有好些敵基督者已經出來了；由此我們就知道，如今是末世的時光了。他們從我們中間出去，卻不是屬我們的，若是屬我們的，就必仍舊與我們同在。他們出去，這就顯明他們都不是屬我們的。」（**約壹二 18～19**）

「你們曾聽見過那敵基督者要來……」也許是指保羅於帖撒羅尼迦前書、帖撒羅尼迦後書所說的話（帖前二 3～10），因為這兩封書信既是最早面世的新約書卷，亦是新約書卷中最早提及「敵基督者」的。

作者稱他們為「假先知」（四1），甚至是「敵基督者」（二22，四3），並以這些敵對者的出現，作為末世來臨的記號。

作者如此描述，重點是：「耶穌基督是成了肉身而來」（四2上），而他就是上帝的兒子，藉著成為肉身和被釘十字架，顯明上帝對我們的愛；正如上帝在基督裏愛我們一樣，真信徒也會彼此相愛；真信徒不會沉溺在習慣性的犯罪中，但如果我們真的犯了罪，而又肯承認過犯，總能得到赦免；信徒可以完全信任愛他們的上帝；我們藉著信靠基督，即時就有了永生。

6.2.1. 序言：生命之道（一1～4）

書信中序言的開首便宣告「生命之道」（1節）已經顯明出來。這生命的信息建基於上帝兒子耶穌的生命，也是這位耶穌啟示了永生的本質。這永生才是人真正的生命，是上帝的兒女們可以共享的。這序言引入了書中所關注的許多重要的主題，包括：道成肉身的真實性，耶穌所彰顯之生命的本質，信仰羣體的生活對那些要分享這生命的人的重要性。

幻影學說的基督論

作者在書中所提到的當時的情況，讀者是非常清楚的，所以長老也毋須詳細或系統地描述這些「假先知」（四1；*pseudoprophētai*）及「敵基督者」（二18〔2次，其中1次是複數〕、22，四3）在信仰上的觀點與他們之間的分別。但對於今天的讀者，就必須從書中的字裏行間和早期教會時期的文獻，重構那些反對者的觀點。這些反對者與作者的觀點最明顯的分別，就是他們否認耶穌基督是成了肉身而來這說法。持這觀點的學說，一般被稱為「幻影學說」（Docetism）。

「幻影學說」是由當時流行的一種稱為「諾斯底主義」（Gnosticism）的哲學思想所引伸出來的學說。「幻影」源自希臘文 *dokeō* 這動詞，意即「看上去像」。在新約時期，這種主義仍在孕育中。其基本概念強調「靈魂」與「肉體」互不相干，而身體是邪惡的。

「幻影學說」的支持者認為，耶穌基督的神人二性是分割的。這位稱為「耶穌」或「基督」的是個純靈體，他僅僅「看上去像是」人，而且僅僅「看上去像是」經歷了苦難和死亡。故此，他所謂受難，其實不是他的靈體真實的經歷，因為靈體是不可能經驗苦難的。他藉著換上另一個身分來逃避死亡。而這另一個身分，有說是加略人猶大，又有說是古利奈人西門。以幻影學說解釋耶穌身分的一個頭目就是克林薩斯（Cerinthus；活躍於公元100年左右），他是出生於埃及的猶太人。他借用耶穌接受水禮這情境來支持自己的學說，認為有血肉之軀的「耶穌」只是一個普通的人，而當這普通人受洗時，那本是靈體的「基督」如同鴿子般降臨到他身上。這位靈體「基督」在釘十字架前便離開「耶穌」這身軀，返回天父那裏去。所以受難的是耶穌，而不是基督。無論說法如何，幻影學說始終認為：耶穌不是基督，因為基督是沒有血肉之軀的。

這種對耶穌基督神人二性的錯謬看法於2世紀相當普遍，亦因此使得一些教會領袖要撰寫文章來維護他們正統的看法，其中尤以教父愛任紐（Irenaeus，約公元130～

200年)的著作最突出。若從約翰書信的內容來看，這種錯謬於1世紀末已經開始冒起。書中提及這些從他們中間出去的人，可能就是那些離開長老所教導的真道，持類似克林薩斯的信念的人。

為了反對這種幻影學說的謬論，長老從不同角度強調基督確實已降世成為有血有肉的耶穌(約壹四2)。在書首，他提到「我們」確實地看見、並且摸過這「生命之道」(作者並非說是摸過「耶穌」)。他所強調的是：所接觸的是那位先存的基督，就是那在創世之前已存在的道(一1)。這位先存的基督具有可見的、實實在在的人的身體。在書末，長老更著重描寫耶穌基督的血：「這藉著水和血而來的，就是耶穌基督，不是單用水，而是用水又用血。」(五6)這節經文叫人回想一則只見於約翰福音的故事，就是耶穌被掛在十字架上時，有一名士兵用槍刺他的肋旁，就有血和水流出來(約十九34～35)。長老要帶出的含義是：流出來的水是指屬靈的生命，而血則是意指肉體的生命；因此，耶穌並非純靈體，而是兼有靈魂和肉體的。

6.2.2. 住在上帝兒女中間的光(一5～二27)

既然上帝是光，上帝的兒女也必須「在光明中行走」或「住在光明中」(一5，二10)。那些假先知聲稱他們與上帝有獨一無二的關係，長老卻駁斥說，他們的聲稱是假的，因為他們沒有過聖潔的生活(沒有住在光明中)，也沒有向其他信徒實踐愛心。他們離開教會，證明他們不是真正屬於教會，也不是上帝的子民。既然如此，他們就是屬世界的人，他們屬於黑暗、邪惡和虛假的。

6.2.2.1. 光明與罪惡兩不相容(一5～二2)

上帝裏面毫無黑暗，所以上帝的子民裏面也不能有罪。這是不證自明的道理，連反對者也會接受這道理；然而，這並不意味著信徒不可能犯罪。

這段經文是由6個以「若」(*ean*)這連接詞形成的句子所組成的，按其功能可分成兩組。在第一組的「我們若說……」(一6、8、10)，作者實際上是引用這些離開了教會和一些仍留在教會中的人的經常性聲稱：「我們與上帝有團契」(6節)；「自己沒有罪」(8節)；「自己沒有犯過罪」(10節)。然而，上帝就是光，人若活在罪中，就不能聲稱他與上帝有團契。再從另一角度看，我們若說自己沒有罪，那就是自欺欺人，也把上帝變成說謊話的，因為我們看上帝為與罪同在的。故此，一個人若不斷犯罪，他不可能說自己是與上帝團契。

另一組「我們若／若有人……」這短語是連在有條件性的句子的(一7、9，二1～2)。這些句子提供一些上帝與我們團契的確據。首先，如果我們生活在光明中，耶穌便會洗淨我們的罪；如此，我們便能與上帝團契。此外，人若承認自己生命中的罪，並向上帝認罪，也能得這確據。此外，人若為他們的罪懺悔，耶穌基督如今就是他們在父面前的「**中保**」。作者重申耶穌受死的重要性：他的死成了罪的贖價，這不但對教會，對整個世界而言，也是如此。作者把兩組句子互相穿插，一方面刻劃出這些假先知的生活實況，另一方面也斷言他們言行不一致所帶來的結果。

「中保」(希臘文：paraklēton；意即「幫助者／勸慰者」)這名詞在新約書卷中，除了出現在約翰壹書，就只出現於約翰福音(約十四16、26，十五26，十六7)。

6.2.2.2. 知識與愛（二3～11）

這段落同樣用「我們若說」的句式來引用假先知常作的宣稱，從而帶出3個重點：

- 「人若說『我認識他』」(4節)：認識耶穌基督(或上帝)並非只是認知上得到啟蒙，而是要「遵守他的誡命」(參約十七3)；

幻影學說的救恩論

幻影學說所涉及的，不僅是基督的身分的問題，更牽涉對救恩和信徒生活的教導。由於幻影學說不承認耶穌是道成為肉身這一身分，所以否定耶穌的死。既然沒有耶穌（或基督）的死，也就沒有贖罪之事，更沒有「罪」這回事了。

諾斯底主義者認為，靈需要的不是罪的拯救，而是從無知中得到拯救。這種無知是在認知上的，說得更清楚，無知是指不知道自己的「靈」的神性和來源。據說，這種無知使靈被束縛在肉體當中。持這派學說的人更可能宣稱，自己的靈已經知道其神性，因此就不被肉體所束縛，亦不會犯罪，因此他們沒有用血贖罪以使靈得救這觀念。

然而，與其他新約聖經作者的立場一樣，約翰書信的作者的救恩觀是源於猶太人的獻祭觀念，也就是認為贖罪必定要有血，且認為這血是由耶穌流出來的。所以他說「他兒子耶穌的血就洗淨我們一切的罪。」（約壹一7；比較二1～2）他在信中更強調「我們若說自己無罪，就是欺騙自己，真理就不在我們裏面了。」（約壹一8）又說「我們若說自己沒有犯過罪，就把上帝當作說謊的，他的道就不在我們裏面了。」（約壹一10）

- 「凡說自己住在他裏面」（6節；「凡」原文是 *ean*）：住在主裏面的人都要照主所行的去行，那就是彼此相愛；
- 「那說自己在光明中」（9節；「那」原文是 *ean*）：不愛弟兄姊妹就是恨弟兄姊妹，這樣的人是行在黑暗中的。

這誡命可說不是新的，因為它貫穿於舊約聖經和耶穌的教導中；但是，亦可說是新的，因為我們現在確實在基督身上見到那種愛的體現。

無論是長老，抑或那些離開教會的人，都宣告自己是認識上帝的，但是長老（即作者）要求的，是人對上帝的知識必須由他的生活來印證；他又提出兩條檢驗標準，就是遵守上帝的誡命（二3）和照著耶穌的樣子生活（6節）。這兩個標準使人想起那條**新的誡命**，「我怎樣愛你們，你們也要怎樣彼此相愛」(約十三34)。在作者的用詞上,愛與光明是連在一起的,而恨則表明人是在黑暗裏行走。

6.2.2.3. 與世界的鬥爭 (二12～17)

作者認為信徒所身處的世界是黑暗的,但基督徒羣體中卻是有光的;光和黑暗兩者所比喻的衝突是明顯不過的,這就如基督徒和世界之間的爭戰。「**世界**」這詞並非單指受造物所處身之自然秩序的物質世界,也是指一切伏在邪惡權勢下的事物的世界(參五19)。作者又以詩歌體形式來向教會確保,信徒是已經得勝的(二12～14);既有如此得勝的確據,教會就不應該向世界作出任何妥協。世界與信徒(或教會)勢不兩立;因此,長老告誡信徒,他們不能既愛世界,又愛上帝,因為這兩種愛,一種來自邪惡(「世界」),必將過去;而另一種則來自上帝,要存到永遠。

「世界」這詞的原文是 kosmos,在約翰壹書共出現23次。

6.2.2.4. 教會內部的衝突 (二18～27)

作者寫這封信是因為教會中出現內部衝突。一些迷惑人的離開了教會,這件事顯然動搖了那些仍然持守忠心的信徒。作者稱這些離開了教會的人為「敵基督者」(二18〔2次〕;參四3),他們的出現説明了「末時」已經到來。「敵基督者」這個嚴厲的字眼所指的,並非他們迫害教會,而是錯誤地理解基督的身分。

書中出現的3個**強調性**的稱呼「你們」(二20、24、27),標示出這一部分的結構。有些仍留在教會的人是曾經想過跟著另外一派人離開的,因此,長老向他們呼籲,「你們從那聖者受了恩膏」,這大概是指聖靈。因為這些人已經知道真理,但敵基督者卻是那些説謊話、不認基督的。長老

一般來説,希臘文動詞本身就可以表達代名詞性的主語(pronominal subject),但作者在這裏一連用了3個人稱代名詞(personal pronoun)作主語,明顯是帶有強調作用。

警告說，不認子的，連父也沒有了。他呼籲教會守住他們從起初所領受的傳統，不要偏離，不要跟那些離開教會的人跑了。信徒已經有了永生的應許，不需要人教他們甚麼新道理，只需要遵守他們藉著教會傳統上從聖靈那裏所領受的教導便足夠了。

6.2.3. 上帝兒女中間的公義（二28～四6）

在面對教會與世界的鬥爭，使徒約翰所牧養的基督徒需要得到指引，使他們能分辨他們的敵人：公義的盼望（二28～三10），愛的誡命（三11～24），如何察驗兩種靈（四1～6）。這三部分是彼此相關的。

6.2.3.1. 公義的盼望（二28～三10）

信徒領受的恩膏不但給了他們公義的確據，也對他們提出了公義的要求。上帝是公義的，所以凡是「他所生的」（指永生）也必須是公義的。長老再次宣告上帝要在末世降臨這一盼望（參二18～19）。當信徒看見上帝賜予的恩典，又明白自己本身確實是上帝的兒女，必然抱著盼望，相信當基督顯現的時候，我們可以看見基督的本相，而且會與他相似，到那時候，我們的生命就可達致圓滿。這一切雖仍未實現，但卻因盼望已得以在信徒屬靈生命中成就。因著這指望，信徒就當自潔，預備好自己迎見上帝（參太五8）。

談到爭鬥，作者提醒收信人，信徒羣體所面對的爭鬥其實就是「上帝的兒女」與「魔鬼的兒女」（三10）之間的爭戰。作者借用「兒女都會像父母」這一般性的概念指出：上帝的兒女必得看見上帝，但他們必須是公義的，就如上帝是公義的一樣。儘管魔鬼的兒女繼續犯罪和不法，但約翰牧養的信徒卻不能犯罪，因為他們是從上帝生的。約翰意識到信徒也會犯罪，但他要求信徒過一種以公義為特徵的生活。信徒必成為公義的，就像上帝是公義的一樣；而那些不屬於信徒羣體的人也必像他們的父，就是魔鬼（參約八 44）。

6.2.3.2. 義人的愛（三11～24）

罪最明顯的記號就是缺乏愛。那些敵對的人離開教會，已證明他們不愛教會。長老告誡收信人，人若不愛他們的弟兄姊妹，就好像該隱殺了自己兄弟亞伯般；相反，那些照著上帝誡命而活的人，則已經出死入生了。上帝賜生命給屬祂自己的人，這生命應該有這樣的愛的本質。耶穌為屬自己的人捨棄了生命，這個行動最清楚地彰顯了上帝的愛。信徒在生活中也應該照著耶穌所行的去行。具體來說，愛的誡命要求人在看到弟兄姊妹貧乏時，應當與他們分享自己的財物。愛不只是感覺，而是信徒具體的生活方式。

前文論述敵基督者如何背叛教會（二18～27），因此，很可能這些敵基督者已教導信徒相信：真正上帝的兒女都沒有罪，也不會犯罪。

6.2.3.3. 兩種靈（四1～6）

作者在這裏藉著分辨兩種靈，揭露假先知的主要謬誤：真理的靈和欺騙人的靈。假先知並不靠著聖靈說話，而最明顯的證據，就是他們否認耶穌基督是「成了肉身而來」（四 2），而這恰恰是敵基督者的「靈」所說的話。作者指出，假先知已經「來到世上」（1 節），作者如此說，大概是指那些從教會中出來的人（二 19）。

分辨真理和欺騙的靈的其中一種方法，就是察驗信仰的內容。基督徒除了必須認罪，也必須肯定耶穌基督是「成了肉身而來」的（參約一 14）。很顯然，那些從教會出來的敵對者要麼不承認上帝的道會成為人，要麼就是盡力抬高耶穌的神性，貶低耶穌基督具有完整人性的重要意義。這種謬誤導致了前文所說的、稱為「幻影學說」的異端出現。

6.2.4. 上帝兒女之間的愛（四7～五12）

作者在這裏進一步闡述上帝的愛和基督徒彼此的愛之間的密切關係（四 7～21；參林前十三章），也論到上帝那愛的本質，以及人（或信徒）對上帝的愛的體驗。這部分跟書信中其他部分一樣，有一些用以表達過度性的經文（參五 1～4、13），藉此把上下文連結起來。五章 1 至 4 節宣告，凡遵守愛的誡命的，就是從上帝生的，而到了 5 至 12 節，則描述他們不但有上帝為他們作的見證，也擁有上帝賜給祂兒女的生命。

6.2.4.1. 愛的真正本質（四7～21）

作者在這裏又重複之前對愛的誡命的勸勉（參二 7～11，三 11～24）。現在，他直接把這個主題與上帝愛我們的主題連接起來，這愛是在道成肉身中顯明出來的；基督的死挽回了我們與上帝的關係，因而使我們享受到上帝的愛。愛源於上帝的本質屬性，若上帝的兒女活在與上帝親密的關係中，愛自然就成為上帝兒女之間的特徵。

與前段一樣，長老在這裏所說的愛，並不是愛的普遍意義，這不是說只要一個人肯去愛另外一個人，他就是屬上帝的；而是指在信徒之間要彼此相愛。人若按照這種羣體倫理來生活，就證明他們已經享有不住與上帝團契的生命；相反，人若沒有愛，則表明他們仍沒有認識上帝。這個主題信息可算是貫徹始終：人若說他愛上帝，卻沒有在基督徒羣體中向弟兄姊妹表達他的愛，他就是自相矛盾。

綜合這段經文(以及五章6至8節)可以看出，整段經文強調並指出一點：假先知既然否認道成為肉身，也就否認了十字架的拯救意義。

6.2.4.2. 信心的真正本質（五1～12）

真正屬上帝的兒女就是那些相信耶穌是彌賽亞的人(包括相信他是成了肉身而來和他所成就的救贖)。這樣的人也會愛其他屬「上帝的兒女」的人(五2)。真信仰的內容，應是具體的：相信耶穌是上帝的兒子，也會相信他是藉著**水和血**而來的。「藉著水和血而來的」(五6)大概是在強調耶穌的人性是真實的，就是不但耶穌基督是成了肉身而來是真實的，他的死同樣是真實的。在作者看來，這兩點對於救恩都很重要。很顯然，敵基督者(或假先知)反對耶穌的死所具有的重要性，因為他們只強調耶穌的另一個角色：他是天上來的啟示者。作者列出水和血這兩個見證後，又加上了第三個見證——聖靈，聖靈是水和血這兩個見證的印證(6節)。

在理解上，我們很自然把水和血與洗禮和聖餐聯繫起來。

上帝藉著水、血和聖靈，為祂的兒子作了見證，這見證比一切人的見證都大。這封書信的主體部分以一個宣告作開始，強調教會早已經領受的信息；同樣，它也以宣告作結尾，強調其所經歷的見證(五11)。上帝的見證只有藉著信心才能領受，人若用真實的信心來回應上帝在基督耶穌裏面的啟示，上帝就賜給這人在祂兒子裏面的生命。

按《和修》，7節譯作「作見證的有三：」，讀者如果翻開《英王詹姆斯譯本》，在7至8節上，會發現這**插句**：“For there are three that bear record in heaven, the Father, the Word, and the Holy Ghost: and these three are one.”而學界稱之為「約翰插句」(*Comma Johanneum*)。由於這語句最早只見於4世紀的拉丁文抄本。有學者認為這是後來的插句，而不是原

這句子譯作：「在天上有聖父、道、聖靈，這三者是一體的……」

本就有的。當時教會的人之所以添飾這句話，可能受早期圍繞三位一體的爭論所驅使。因它的佐證顯得薄弱，今天一般譯本都不會包括此插句。

6.2.5. 結語（五13～21）

在信的結尾，長老再次提到他寫信的目的，就是提醒信徒必須認識自己已經擁有的生命。如果信徒明白他們已經擁有永生，那麼他們就不會這麼容易受敵人蠱惑而搖動了（五 13）。作者又對教會提出以下幾方面的指導：

- 他們可以在禱告中坦然無懼（14～15 節）；
- 為誰禱告（16～17 節）；
- 他們可以因著自己的信心坦然無懼（18～20 節）。

最後，長老告誡教會，必須遠避拜偶像的事，這是對假先知的最後一擊。

約翰壹書摘要

信息：作者寫這篇專論，是要向信徒闡明信仰的確據，鼓勵他們忠於基督信仰和信仰的實踐；此外，也為了回應當時一些離開了這個信徒羣體的假先知的行為。

作者：自稱為「長老」的，一般認為是使徒約翰，與約翰貳書、約翰叁書的作者相同。

寫作日期：約公元 80 年代末或 90 年代初，與約翰貳書、約翰叁書相若。

大綱

A.　序言：生命之道（一 1～4）

B. 住在上帝兒女中間的光(一5～二27)

a. 光明與罪惡兩不相容(一5～二2)

b. 知識與愛(二3～11)

c. 與世界的鬥爭(二12～17)

d. 教會內部的衝突(二18～27)

C. 上帝兒女中間的公義(二28～四6)

a. 公義的盼望(二28～三10)

b. 義人的愛(三11～24)

c. 兩種靈(四1～6)

D. 上帝兒女之間的愛(四7～五12)

a. 愛的真正本質(四7～21)

b. 信心的真正本質(五1～12)

E. 結語(五13～21)

6.3. 約翰貳書內容

約翰貳書可說是約翰壹書的縮略版，它的內容同樣強調約翰壹書的兩個重要主題：愛和道成為肉身。不過，約翰壹書是寫給長老自己牧養的信徒羣體的，目的是確保他們按真理而行；而約翰貳書卻是警告某地方的好幾間教會，讓他們知道這些迷惑人的已經在世上了。

整卷書開篇幾句話強調真理和愛，作者含蓄指出收信人要忠實於他們所領受的傳統，這傳統也是長老和其他跟隨他的人所維護的。「蒙揀選的夫人」(1節)可能指當地的一個聚會點，也可能指某個家庭教會的女主人；「她的兒女」就是指這個信徒羣體的成員(1節)。

長老一邊為姊妹教會的信徒有忠心而喜樂，一邊要求大家要「彼此相愛」。所謂「遵行真理」(4節)和「照他【上帝】的命令行事」(6節),也就是這個意思。由於那迷惑人的(反對長老的人)已經從教會走了出來,這種相愛的關係就更加必要。反對者的錯誤教導在於,他們不承認「耶穌基督是成了肉身來的」(7節),或者可以說,他們不相信耶穌基督成為了一個完整的人。

為了防備虛假的教導會蔓延到姊妹教會,長老提出一條原則:人若遵守基督的教導(藉著跟使徒約翰學習而領受的),就與上帝有團契。凡離開這教導,或越過這教導的人,教會都不該接納,這樣就能保護自身免受他們的侵害(7～11節)。

這些警告顯然非常迫切,因為這封信寫得簡短而匆忙。作者定意趕著寫完這封信,好在他有機會拜訪他們之前先把信送過去;待有機會親自拜訪的時候,他仍要當面跟他們詳細談論這些事(12～13節)。

約翰貳書摘要

信息:警告收信人要防備不認耶穌基督是成了肉身來的那些假先知。

作者:自稱為「長老」的,一般認為是使徒約翰,與約翰壹書、約翰叁書的作者相同。

寫作日期:約公元80年代末或90年代初,與約翰壹書、約翰叁書相若。

大綱

A. 問候(1～3節)

B. 鼓勵彼此相愛(4～6節)

C. 警告:「世上許多迷惑人的」(7～11節)

D. 問安(12～13節)

6.4. 約翰叁書內容

6.4.1. 書信中提及的人物

這封短短的書信提到 4 個人：寫信的長老，收信的該猶，肇事的丟特腓，以及送信的低米丟。

該猶可能是由約翰帶領信主的（4 節），信中 4 次提及他是長老的「親愛的」朋友（1、2、5、11 節；*agapētos*）。該猶與這位長老（作者）在信仰上的密切關係，不單只在認知上（3～4 節），亦在實踐上。他特別稱讚該猶履行基督徒接待客旅的責任，他接待了那些可靠的巡迴佈道的傳道人（5～8 節），特別是那些來自與長老一伙的同工。

之後是譴責一位名叫丟特腓的領袖（9～10 節）。這與該猶對客旅的友好態度成強烈對比。雖然教會與這位長老的關係密切，甚至可能是長老所建立或曾經牧養過的，但這名丟特腓的領導角色似乎不被長老所認同，因為「那好作領袖的丟特腓不接納」他（9 節）。他不但抵制長老所寫的信，而且拒絕接待他信中向教會舉薦的巡迴傳道人，儘管這些人是長老所舉薦的。丟特腓的激烈行為，也許反映他決意要與以長老為首的教導和屬靈傳統決裂。

最後，長老特別提及低米丟，並特意敦促該猶和教會用熱心接待低米丟。低米丟很可能就是送這封信的人（11～12 節）。

6.4.2. 書信論款待的意義

對於處身於今天的華人社會，可能是因為環境擠迫，又或受到西方個人主義的影響，人人都強調私人空間，約翰書信強調要接待巡迴佈道的傳道人，聽起來這比較陌生。巡迴傳道人既不會奢望教會信徒會接待他們，即使有教會接待，一般都安排住在酒店裏。

然而，在 1 世紀的時候，一般人都會把接待客旅視為一種美德，無論是外邦人，抑或猶太人，他們往往都會為旅客提供住宿。在耶穌傳道的日子中，曾差遣十二門徒和 72 個門徒出外傳道，也是期待門徒所到之處的人會款待他們（路九 4～5，十 5～8）。保羅也提到接待客旅是愛的表現（羅十二 13「異鄉客，要殷勤款待」）。在希伯來書，作者同樣敦促讀者要這樣行（來十三 2）。因此，最早期的基督徒都會很樂意實踐這種美德，而信徒或傳道人亦會期望當地教會會接待他們。按推測，接待客旅通常是家主的事，而他往往同時也是教會的領袖（因為聚會地點都是在家庭裏；參提前三 2），而其他信徒亦可以承擔接待的任務（提前五 10）。

這樣的制度明顯很容易被濫用，而教會在接待這些自稱為傳道人的人時，亦可能會無意中接受了他們不正統的教導，甚至協助他們散播虛假的教導，而這正是作者在約翰貳書中對收信人的提醒（約貳 10～11 節）。因此，巡迴傳道人想某地家庭教會的領袖在基督裏接待他，必須帶著薦信，而某程度上，約翰叁書就是這位長老給底米丟的薦信。接待這回事已經超越了文化或個人的相交禮節，而是表達對被接待或推薦一方在信仰上的認同。按此，約翰叁書信中長老之所以強烈譴責丟特腓拒絕接待長老推薦的人，並非因為這表明丟特腓不信任長老，而是表明他決意要與以長老為首的教導和屬靈傳統決裂。

約翰叁書摘要

信息：教導基督徒明白接待客旅是「按真理而行」的明證。

作者：自稱為「長老」的，一般認為是使徒約翰，與約翰壹書、約翰貳書的作者相同。

寫作日期：約公元 80 年代末或 90 年代初，與約翰壹書、約翰貳書相若。

大綱

A. 問候（1～4 節）

B. 該猶款待的巡迴佈道的傳道人（5～8 節）

C. 丟特腓的惡行（9～10 節）

D. 送信的低米丟（11～12 節）

E. 結語和問安（13～15 節）

溫習及思考問題

1. 約翰書信與約翰福音在主題上有何相近的地方？試列出其中兩點。
2. 約翰這 3 封書信在寫作上有何風格？
3. 幻影學說對基督的看法與約翰的信仰觀有何分別？這樣的分別如何影響他們的信仰核心？在你所處身的教會裏，有沒有信徒有類似的想法？
4. 幻影學說如何看救恩？這與我們的信仰有何分別？這如何影響我們的信仰生活？
5. 作者在約翰壹書如何以「我們若」這語句、手法來表達「光明與罪惡兩不相容」這主題？照著約翰的看法，信徒是不應犯罪的，在信仰生活中要實踐這教導，有何難行之處？我們又如何面對犯罪的結果？
6. 約翰壹書如何以「我們若說」來表達：信徒應如何將愛與知識連在一起？
7. 約翰壹書所描述的教會出現了甚麼衝突？若有人離開教會，我們當如何面對？
8. 約翰壹書所指的「世界」、「兩個靈」是甚麼意思？又怎樣與我們息息相關？約翰所指的愛的本質是甚麼？
9. 約翰貳書如此簡短的原因何在？
10. 約翰貳書怎樣再次提醒信徒，要留心那些迷惑教會、信徒的人？為何約翰要再三提及這事？
11. 約翰叁書出現了甚麼人物？他們在信中的角色如何？
12. 新約時代如何看「接待客旅」？約翰為何要譴責丟特腓？你有沒有嘗試接待從遠方來的信徒或宣教士？你從其中學習到甚麼？

第三部分

啟示錄

啟示錄往往給人一種神奇、撲朔迷離的感覺：有身著天裝的婦人產下一子（十二1～6），有多頭多角的怪獸，最後要從大紅龍的大口中獲救回來（十三章），天上和地上都有戰爭，不時有災禍、審判發生。書中「毀滅」的可怕情境與復仇得勝的喜悅交織在一起。

這些場景驅動了不少讀者的好奇心，但亦為很多人帶來迷茫和恐懼，使他們退縮。作者在敘述完一個特別離奇的異象後，便說：「我看見他，大大驚奇」（十七6），或許這同樣是讀者的體會。

中世紀的歐洲把伊斯蘭軍隊看作敵基督的勢力；16 世紀新教改革者認為，敵基督就是羅馬天主教的教宗權制。到了 80 年代，有認為歐洲的 10 國聯盟（這聯盟開始時只有 10 個成員國）就是那敵基督。

在基督信仰的歷史上，這本滿載著奇特意象的書卻緊緊抓著許多聖經讀者的心靈。這種吸引力的原因是：所描述的事件是要預備耶穌基督的再臨。耶穌再來前，會有一隻象徵撒但的獸，頭上刻有「六百六十六」的數目（十三18），集結了 10 國聯盟，發動迫害基督徒的運動。儘管「敵基督」這個名詞從未出現在啟示錄中，傳統解經家認為書中所形容的獸都是敵基督或與敵基督有關的。在教會歷史中，每當信徒面對大患難，他們都能夠從啟示錄這書找到自己**當代的敵基督**，並將啟示錄作為解釋當前局勢的藍圖。

有些傳道人或解經者習以「一手聖經、一手報章」這種大眾化的解經方式來閱讀啟示錄。然而，今天解釋聖經的主流方法，依然強調要根據作者及讀者的歷史及社會背景來解釋文本。作者寫此書時關注的，不是遙遠未來發生的事情，而是他當時已經發生，或可見的未來將發生的事。作者和其他初代基督徒一樣，期盼耶穌很快再來，甚至認為耶穌於他們當代便會回來，所以作者鼓勵那些正在經受逼迫的信徒要堅忍，因為羅馬帝國很快就會被推翻，耶穌很快便再次降臨，建立上帝的國度。

第七章

啟示錄概述

- 體裁：書信和天啟文體的結合
- 作者和寫作日期
- 寫作背景和目的
- 啟示錄內容

7.1. 體裁：書信和天啟文體的結合

啟示錄的表達手法非常特別，結合了書信體和天啟文體的表達技巧。緊接著全書前言（一1～3）的，便是以書信來表達：書信前言和問安，「約翰寫信給亞細亞的七個教會」（一4～8），表明作者奉上帝之名給7所教會寫下勸勉、鼓勵和警告的7封信（二～三章），而書信的結束卻要在書末才出現：「願主耶穌的恩惠與眾聖徒同在。阿們！」（二十二21）至於其餘部分的篇幅（四～二十一章），作者則以揭示屬天奧祕為主；前言（一1～3）已經明確地指出這點。

全書的首個字「啟示」（一1；*apocalypsis*）也就是本書的書名，希臘文原來的意思是「把隱藏的事揭示出來」，一般譯作「啟示」，若譯作「天啟」要來得更適合。顧名思義，天啟文體作品所帶出的屬靈信息，是常人無法看見的、但最終要被揭示開來、被公諸於世的。這個定義暗示人類的世界包含兩個層次：常人可感官和感知的國度（例如：物質世界和世上的知識等）和不可以感知的屬靈國度（例如：上帝、天使、魔鬼、天堂、地獄等）。

大多數現存的天啟文體作品都只見於經外文獻（如舊約偽經）。嚴格來說，我們的聖經並沒有完整的一本天啟文體作品，然而聖經書卷包括很多「天啟文體單元」。在舊約聖經，有但以理書七至十二章、撒迦利亞書一至八章；在新約聖經，除啟示錄外，還有稱為「**小啟示錄**」的馬可福音十三章（及其平行經文）。

這名稱也可指以賽亞書二十四至二十七章。

天啟文體的焦點都是末世要發生的事情。作者聲稱自己得到上天啟示，要揭開末世啟示之謎。這裏所指的「末世」，主要是指當前世界的終結。這種觀念是一種未來式的，期待著現有世界秩序的終結以及建立新的、更完美的世界秩序；其中最重要的是，這種結局不是來自大自然的變化或因果循環，而是上帝的作為，並且是在可見的將來——從作者角度——發生的。天啟文體作品可分為兩大類別：「來世旅程」和「歷史檢視」。

在來世旅程的這類天啟文體裏，宣講預言的主人翁一般是猶太－基督宗教中較顯赫的人物，他在領受異象過程中，遠離當前世界，走到另一個屬靈世界去。例如：舊約偽經《以諾一書》記載上古時代以諾被提到天上，由天使的引導下，開始他的旅程。在這次旅行中，他看到有關上帝、天使、對義人惡人賞罰等不為人知的屬靈事情。

也有一些天啟文體作品採用歷史檢視的手法來表達穿越時空的歷史旅程，最後以作者當前時代之結束為高潮。預言者一般是原讀者同時期的人物，例如：但以理書九至十一章，天使向但以理啟示的歷史時段，是從但以理時代一直到讀者羣體那個時代之結束。儘管不同的歷史旅程所表達的時代終局有所不同，但整體上都是相當一致的。一般來說，這些作品認為，於作者（或原讀者）當前的時代，邪惡勢力佔上風，正義勢力則受挫敗。邪惡力量將繼續擴張，直至達到頂峯；那時，上帝便會介入，結束舊的秩序，並建立一個嶄新的和平與正義的時代。

啟示錄既有來世的旅程，又有歷史的旅程。預言者約翰被升到天上，展開來世的旅程：「你上這裏來，我要把此後必須發生的事指示你。」（四1）他看見上帝的寶座（四～五章）。此後，天使又帶領他遊歷天上的耶路撒冷（二十一9～二十二9）。預言者也經歷兩次歷史的旅程，這兩次所見的異象描繪了從預言者當前的時代，直到最後審判的這段歷史時期（六1～十一19；十二1～二十一8）。

作者刻意用書信來包裹天啟的信息，為要突出這信息對教會的意義。作者寫作時，不僅把自己當作末世災難的預言者，也是以先知的身分奉上帝的名把預告宣布出來。與很多天啟文體作品的作者不同，啟示錄的作者並非以歷史上的古代偉人的身分預言末世的出現，而是以同行者的身分，與信徒一起經歷這一切事。

天啟文體的特徵

每一種文學體裁都有其寫作特色，同樣，天啟文體也有其寫作特徵。了解啟示錄怎樣融入天啟文體的若干主要特徵，可以幫助我們更深入理解這卷書。現從以下 6 方面特徵論天啟文體：

1. **啟示**：這「啟示」的內容既是指將來的事，也當然是不為人知的。因此，作者的資料來源肯定是從天上的啟示（或揭示）而來的。預言者往往可以藉著不同途徑得到啟示，其中主要包含：異象（啟一 10、12，九 17），未來發生的事（四 1），以及天使的教訓（十七 1；參五 5，七 13～14）。
2. **象徵**：預言者所看見的異象，通常以象徵的形式出現。例如：約翰看見的一條大紅龍，後被指為是魔鬼（十二章）。這些象徵反映猶太文化的元素，特別是猶太教中天啟文體的術語，因此其象徵意義是猶太人熟悉的，不過，也有些是作者再作解釋的（參 7.4 的討論）。
3. **宿命論**：在天啟文體思想框架裏，未來的結局和步向結局的方式，早已按造物主的旨意清楚制定，人無法轉逆，但可藉啟示得知。啟示錄作者也是抱這個看法，約翰深信那「必定快成的事」（一 1）。
4. **期待即將來臨的末世**：所有歷史天啟文體作品的作者都確信，他們所處的時代很快要結束，啟示錄的作者也不例外。約翰期待耶穌很快再臨，他 4 次引用耶穌的「我必快來」這說話（三 11，二十二 7、12、20）；兩次強調「時候近了」（一 3，二十二 10）。他又兩次提到，啟示錄描寫的是「必定快成就的事」（一 1，二十二 6）。
5. **事後的預言**：有些天啟文體作品的作者聲稱那是上古時期亞當的預言，而作者所敘述的世界歷史，從亞當時代開始，直到他身處的那個時代，然後再預言將來末日要發生的事件。他這樣表達，為要指出所預言的，是亞當在上古時期所預言的。採用這種表達方式，目的是要讀者感受到：作者當時身處的時代發生的事情，在上古時期早已經預言了。這種表達手法叫「事後的預言」（拉丁文：*Vaticinium ex eventu*），在歷史天啟文體作品中經常出現。啟示錄作者也曾用這種表達手法，例如，在異象中看到被提到天上的男孩（十二1～6）。大多數解經家都認為，這異象實指耶穌升到天上這事實；那麼，這事情在作者寫作啟示錄以前，早已經發生。

6 託名作品：大多數天啟文體作品都是託名作品，也就是說，這些作品雖歸屬歷史上著名人物的名下（如亞當、以諾、亞伯拉罕、巴錄、以斯拉），其實不是他們的作品。不過，在這方面，啟示錄不同於其他天啟文體作品，書本清楚交代作者是一位名為主的僕人約翰的人。

7.2. 作者和寫作日期

啟示錄明確指出領受啟示的人名為「約翰」，他本人曾「聽見……看見」，而且記錄下來，為要作「見證」（一1、9，二十二8）。他寫信給羅馬亞細亞省的7間教會，敘述自己在亞細亞海岸拔摩海島上所得到的異象。作者在信中沒有進一步表明自己的身分，他大概相信讀者對他非常熟悉。按早期教會文獻的資料，羅馬皇帝多米田死後，約翰獲准離開拔摩島，住在以弗所。他是十二門徒中惟一在這時期仍然活著的。

早期教父如游斯丁（Justin Martyr；約公元160年）和亞歷山太的革利免（Clement of Alexandria；約公元150年）認為，這位約翰就是西庇太的兒子，亦即使徒約翰，也就是約翰福音的作者。不過，由於「約翰」在當時是一個非常普通的名字，再加上作者從沒有自稱是使徒，正如約翰福音作者暗示自己是「耶穌所愛的門徒」（約十三 23，二十一 7），有些人認為這書的作者是另一名「約翰」。早在公元 3 世紀，有一名在亞歷山太城的教父，叫狄尼修（Dionysius of Alexandria），覺得約翰福音和啟示錄的寫作風格不同。例如：在語法方面，約翰福音是用標準的通用希臘文寫的，用詞儘管簡單，但語法正確無誤，然而啟示錄的用詞和句法常常不符合標準語法。在末世的討論上，這兩部作品也存在著顯著差異。約翰福音強調得永生的應許在今生就可以兑現，甚少提到將來的終局，但啟示錄卻側重時代的終結，以及將要來者的拯救。因此，他認為兩本書由不同作者所寫。

即便作者已說明他是耶穌的「僕人約翰」（一 1），也不代表他就是使徒約翰本人。正如專欄「天啟文體的特徵」（頁 102～103）所述，託名撰寫書卷，是天啟文體的特徵。作者可能只是借用最後一位離世的使徒約翰的威信，來帶出信書中的信息。時至今天，學者們對啟示錄的作者究竟是誰，依然有不同的看法：有認為是使徒約翰，也有認為是另一名「約翰」，這位約翰以教會長老的身分或以早期基督信仰的先知身分來寫這書。

在寫作日期方面，一般學者認為啟示錄是寫於公元 1 世紀末，主要原因是早期教父里昂主教愛任紐（Irenaeus of Lyons）約於公元 190 年在他的著作中曾提及此書，並指出這書已出現於羅馬皇帝多米田統治時期（公元 81～96 年）（詳參右頁專欄）。

7.3. 寫作背景和目的

7.3.1. 寫作背景

天啟文體的出現往往是標誌著讀者羣體對現世感到無助和不滿。他們

啟示錄的寫作日期

現代書籍出版的印量一般都以千本計算，要修訂或再版，一般都要等到存貨售罄才能進行。古代書籍的出版則以一本一本計算，要修訂就彈性多了。現今手持的啟示錄有21章之多，書中有證據顯示，有部分內容可能是寫於公元70、80年代，即大概是在維斯帕先（Vespasian；公元69～79年）統治時期寫成的。

啟示錄十七章描述一位婦女（聖經形容她為大淫婦）騎著一隻有7個頭的獸。關於這7個頭，作者清楚解釋其代表的意思：「這裏要有智慧的心思。那七個頭就是女人所坐的七座山；他們又是七個王。五個已經倒了，一個還在；一個還沒有來到；他來的時候必須只暫時停留。那以前有、現在沒有的獸就是第八個；他也和那七個同列，正歸沉淪。」（9～11節）這裏的意思是指：獸的7個頭象徵羅馬城建於其上的7座山，但同樣也代表7位羅馬皇帝。其中的5位，在作者的時代以前，第六位與作者同時代，第七位在作者時代以後才到來，而且其統治非常短暫。獸所代表的第八位皇帝，是7個頭其中之一的再生。

究竟約翰是指哪幾位皇帝呢？由於當時信徒的處境是在羅馬帝國，這些王明顯指羅馬帝國的皇帝。以下是從奧古斯都（或譯：奧古士督）算起的羅馬皇帝，奧古斯都就是主耶穌出生時的那位皇帝：

1. 奧古斯都（Augustus；公元前27年～ 公元14年）；
2. 提庇留（Tiberius；公元14～37年）；
3. 加里古拉（Caligula；公元37～41年）；
4. 克勞第（Claudius；公元41～54年）；
5. 尼祿（Nero；公元54～68年）：「五個已經倒了」（十七10）；
6. 維斯帕先（公元69～79年）：「一個還在」（10節）；
7. 提多（Titus；公元79～81年）：「一個還沒有來；他來的時候必須只暫時停留」（10節）；
8. 多米田（Domitian；公元81～96年）：「那以前有、現在沒有的獸就是第八個」（再生的尼祿；11節）。

按羅馬帝國歷史，在尼祿和維斯帕先之間，一年(68～69年)就換了3位統治者：迦勒巴(Galba)、奧索(Otho)、威特留(Vitellius)。由於他們在位時間非常短，對政局沒有太大影響，約翰大概沒有把他們包括在內。文中提及「另一個還沒有來，來的時候只能停留一會兒」，其實是指提多，這可能就是一種「事後預言」的表達方式。按此，作者可能先在維斯帕先時代開始寫這啟示錄，然後又在多米田時代修正，所以就提及提多和多米田這兩個皇帝了。

談到這位多米田，約翰特別指出，這王是「那以前有、現在沒有的獸就是第八個。」(十七11)這反映流行於公元1世紀末的「尼祿再生」傳說(拉丁文：*Nero redivivus*)。尼祿於公元68年去世，但他那種瘋狂的表現，卻成為國家極權的一個表徵，是政治極端分子的偶像，因此更惹來一些人冒充是「尼祿」，又或有說真正的尼祿根本沒有死去，他在若干年後從東面帕提亞(Parthia)興起大軍與羅馬中的政敵對抗；亦有人說死去的尼祿化身在某某人身上。由於尼祿把火燒羅馬城的事件嫁禍當時的基督徒，很多基督徒作家就以「尼祿」為逼迫教會的表徵，更以他為敵基督(「六百六十六」；參十三18)。多米田雖然沒有聲稱是「再生的尼祿」，但他是在位的羅馬皇帝中首位自封為神的，並且要求所有羅馬人向他下拜。因此，約翰所描述的，明顯就是指多米田了。

按我們現有的資料，雖然沒有證據顯示多米田特別對基督徒作出針對性逼迫，但對約翰來說，多米田強烈要求每一個人(包括基督信徒)要向希羅神明跪拜，這點已經是最明顯不過的逼迫了。

之所以對現世抱極悲觀的看法，往往因為地上的政權和宗教體制(包括神職人員)已經不能給他們出路，於是他們便轉向精神的層面，寄望上帝的權能彰顯在將來的世界。這種對現實不滿的感覺並非反映憤世嫉俗的情緒，而是實實在在反映出當時的信仰羣體正處於受逼迫的處境。但以理書中對未來的天啟性盼望，所反映的處境是當時的一位敍利亞王安提阿古四世．伊皮法尼(Antiochus IV Epiphanes，統治期為公元前175～163年)對猶太人的迫害，同樣啟示錄的天啟信息也反

映當時基督徒和羅馬世界之間的衝突。

今天很多起源於基督教的西方國家（如美國）都非常強調「政教分離」，但在古代世界，宗教信仰是社會和國家的必要組成部分。羅馬政府非常看重和刻意發展自己的國教。成為羅馬公民，意味著要加入羅馬國教，向羅馬眾神表達敬虔，這包括個人獻祭，並參加全羅馬社會舉行的節日。希羅世界的居民認為，這些儀式能使眾神心情舒暢，眾神或許就會因此賜福他們。參與這樣的崇拜，也具有社會意義：這表明參與者是羅馬社會的成員和擁護者。

羅馬宗教所涉及的神明大多數源自古希臘的神話。不過，自猶流・凱撒（一般稱「凱撒大帝」〔Julius Caesar〕；公元前 100～44 年）的時代開始，羅馬人民就開始將死後的君王神化，而在啟示錄書成的時代，當時的多米田王更是首位在位的羅馬皇帝自封為神的。

在羅馬帝國裏，猶太人一直都有特權，免除敬拜傳統神明或君王崇拜的義務，主要因為羅馬政府尊重猶太教這古老的一神教信仰。教會成立之初，一般人還是認為基督信仰是猶太教的分支，因此基督徒也可分享這種特權。隨著基督教與猶太教的分野愈來愈清晰（例如外邦基督徒不用行割禮和守飲食禮節），基督教也愈來愈被視一個新興的宗教。羅馬的世界觀和基督信仰觀點的衝突引起交鋒。基督徒認為，崇拜羅馬眾神和君王是違背對基督獨一信仰的忠誠，因此堅決不下拜，羅馬人卻將他們這行為詮釋為是無神論者的行徑，並且認為他們對羅馬帝國不忠。

7.3.2. 寫作目的

啟示錄就在這種衝突的背景下寫成。作者警告信徒將會有人逼迫，而在這次大逼迫裏，君王崇拜的推行者會要求基督徒崇拜羅馬皇帝的雕像，若不服從就要被殺害（十七 7～12）。然而，作者同時亦安慰讀者，耶穌基督的再臨將會徹底解決這場衝突，那時羅馬帝國亦必定會覆滅。

要帶出這個信息，特別是要描述這些迫害如何最終發展成人類歷史的高潮（或終點）——主再來——的經過，作者選用一幕一幕的象徵性異象，來闡述這個主題：羅馬帝國逼迫基督徒，各種審判臨到地上，羅馬帝國覆滅，基督要降臨，在地上建立上帝的千年國度，最後審判的來到，新天新地的降臨，以及他的子民與上帝一同居住在新的世界裏。

描述這些異象的目的，是要告誡教會（特別是當時的 7 間教會），鼓勵並勸勉信徒。作者欲指出信徒的信仰生活仍有所欠缺，他們要為耶穌的再臨作好準備；他又鼓勵信徒要存著主降臨的盼望，他們所忍受的逼迫很快便要結束，而且逼迫會帶來賞賜；他勸勉信徒，儘管面對壓力，要他們放棄信仰，但他們仍要站立得穩。

7.4. 啟示錄內容

即使我們對啟示錄書中的象徵都未能掌握，但全書的信息是清晰易明的：上帝最終都會得勝。然而，要仔細地剖析作者的表達手法和思路就不容易。不同學者對啟示錄內容的結構有相當不同的理解。為配合書中很多「七」的事件或事物，以前的解經家會認為全書有「七」個段落，各自有「七」個小分段。不過，今天很少學者會這樣看。

上帝給約翰的使命是明確的，並且多次重複，就是「要把所看見的事，現在的事，和以後將發生的事，都寫下來」（一 19；參一 1，四 1)。書中記載的事情，包括異象，亦非常配合這樣的說法。因此，本書的分段也以約翰所看見的事情分成兩類：現在的事(包括「所看見的」)和將來的事。前者是他知道和看到的，這是指 7 間教會的情況(二 1～三 22)；而後者，即將來要發生的事，就是指有關末世的異象(四 1～ 二十二 5)。前者的開首及後者的結尾分別有全書的引言(一 1～20)和結語(二十二 6～21)。

7.4.1. 引言（一1～3）

一般書信的格式，開首的自我介紹都是以第三人稱寫的，啟示錄也不例外(4～5 節)。作者在這引言部分也用第三人稱「約翰」來自稱，之後，作者都用第一人稱。這樣表達的原因，很可能是：原書(或初稿)只是想寫給 7 間教會，後來在其他教會傳閱；為配合這需要，作者本人或其他人就加上這一小段經文作為全書的引言。

這序言介紹了上帝是啟示的信息來源，耶穌作為信息的受託者，透過天使向約翰宣告啟示的內容。約翰作為一個見證人，把所看見的都寫出來，使讀此書的人同得這啟示所帶來的福氣。

7.4.2. 給七個教會的書信（一4～三22）

除了引言部分，全書的起首(一 4～6)和結尾(二十二 21)反映了初代教會書信寫作的格式，而各教會的勸誡見於二和三章，除這部分外，其餘的都沒有任何書信的痕迹。倘若啟示錄的初稿是寫給小亞細亞那 7 所教會的，今天出現在我們聖經的啟示錄必定經作者或後人編輯過。這初稿可能包括一章 4 至 20 節的部分內容，給有關教會的勸誡（二～三章），末世的異象（四1～二十二5），以及結語（二十二6～21）。

有關這些書信對後世的意義，一直都是很多聖經學者和神學家所爭論的問題。有一種曾經相當流行的解讀方法，稱為「時代派主義」（Dispensationalism），嘗試從7封書信中所描述的教會狀況，捕捉一些特徵來代表2000年教會歷史的7個時期，一般的對應是這樣的：

教會	作者讚賞的事情	作者責備的事情	所預表的時代
以弗所	教義純正、表裏一致	失去了當初的愛心	使徒或後使徒時期
士每拿	忍受逼迫的教會		2、3世紀的教會時期
別迦摩	忠誠、堅忍	容易妥協的教會	4世紀後基督教成為羅馬國教（政教合一）時期
推雅推喇	有愛心、信心和行善的教會	包容假先知	中古世紀的黑暗時代
撒狄	只有一些配得與主同行的	只有外表，屬靈的死亡，沒有一樣好處	宗教改革時代
非拉鐵非	遵守和堅忍		普世宣教的教會
老底嘉		或冷或熱，屬靈上的自滿和貧窮	現今背道的教會

其實，每個時代都有像「非拉鐵非」這類非常愛主的教會，同樣即使在使徒時期或2、3世紀，也有像老底嘉這類不冷不熱的教會（例如哥林多教會）。這種以典型詞句的對應式表述雖然方便，但卻過分簡化了實際的處境，亦使現代教會產生誤解，即似乎暗示「我們」只需留意約翰寫給老底嘉的信，其他的就與我們無關了。在過去2000年的教會歷史中，任何一個時期都可見證這7所教會同時存在的痕迹；不但如此，在我們生命中的不同階段同樣也可以找到不同教會的影子。

7.4.2.1. 問安（一4～8）

書信的問安交代了作者（一般都以第三者帶出）與收信羣體，然後是長長的三位一體祝福語和感恩部分。新約書信的感恩一般都以上帝為感恩對象，但這裏的對象則是榮耀的基督。問安部分最特別之處，是作者以先知式宣告的方法扼要地宣告全書的信息主旨：耶穌基督要以得勝者的身分再來（7 節），而全能者也認可這信息（8 節）。

主上帝說：「我是……」

關於一章 8 節，《和修》的翻譯是「主上帝說：『我是阿拉法，我是俄梅戛，是今在、昔在、以後永在的全能者。』」而《現代中文譯本修訂版》是「昔在、今在、將來永在的主一全能的上帝說：『我是阿爾法，就是開始，是亞米茄，就是終結』」。按現時最通行的希臘文新約聖經版本，這節經文是由 3 組詞語所組成的，每組有逗號分隔，這句子可直譯為「主上帝說：『我是阿拉法，也是俄梅戛；我是今在、昔在、將要來臨的那一位；我是全能者。』」可見兩個中文譯本均未能反映原文的結構。

1. 「阿拉法」和「俄梅戛」（參二 8，二十一 6，二十二 13）：《現代中文譯本修訂版》的翻譯是把「阿爾法」（即「阿拉法」）和「亞米茄」（即「俄梅戛」）這兩個外語詞的音譯連同其意思翻出來，這是一種翻譯音譯字的技巧。「阿爾法」和「亞米茄」分別是希臘文第一個和最後一個字母。這種以「首」加「尾」的表達方式來表達完全性，在古代文化和語言中相當普遍。希臘文化是當時古代世界最被推崇的文化。有文獻顯示，當時有認為每個希臘文字母均帶有某種奧祕知識。這組詞語表達的「開始－終結」是相當概括性的，除了是時間性，也包含人類的智慧和知識。
2. 「今在、昔在、將要來臨的那一位」（另參一 4，四 8，十一 17，十六 5）：這是另一個由 3 個詞語組成的表達，意思非常豐富。這表達進一步闡述了出埃及記三章 14 節中「自有永有」（*ʾehyeʰ*）的意思。這個詞語在《七十士譯本》是 *ōn*，也就是啟示錄一章 8 節的「今在」（在希臘文，這詞就像英文的 be 這動詞的分詞）。嚴格來說，「自有永有」譯作「今在」不太妥當，因為這詞語並非帶有時間元素的，反而強調耶和華的「自存」身分。在這組詞語中，作者先強調上帝「自存」的身分，然後，再從上帝子民的身分這一角度帶出：祂在以色列歷史中出現（「昔在」），又是那「將要來臨的那一位」。第三個詞語也是表達「將來」，但重點是上帝很快就來臨，在啟示錄明顯就是指末世來臨的主耶穌。把「主－上帝」等同為「主耶穌」是初代教會最基要性的觀念（參腓二 11）。

3 「全能者」：與這組詞語的說話者連在一起，就變成「主上帝全能者」，這是希伯來文「耶和華－萬軍之上帝」的希臘文翻譯（何十二 5；摩四 13），強調耶和華在聖戰中的全勝者身分。這個詞語歸納了之前兩組詞的意思：儘管上帝的敵人橫行霸道，逼迫祂的子民，但主上帝是掌管人類歷史的主宰，祂是所有能力的源頭，祂是最終的得勝者。

7.4.2.2. 約翰受託的異象（一9～20）

這是啟示錄記載的第一個異象，也是約翰在地上看到惟一的一個異象，是榮耀的基督向約翰顯現，目的是要交付約翰這神聖使命：「要把所看見的事，現在的事，和以後將來發生的事，都寫下來。」（一19；參 11 節）

約翰見到異象時，他身處愛琴海一座名叫拔摩的小島上，距離以弗所西南約 37 公里（60 英里）。作者沒有交代約翰為何在這小島上居住。早期教父如亞歷山太的革利免（公元 190 年）認為，他是因為堅持作基督徒而被**放逐**到這座小島的。這異象發生的時間是「主日」（一 10），也就是 7 日的第一日。自教會成立初期，聚會時間已經以紀念主復活的日子為主。

按羅馬法律，「放逐」是一種較輕的刑罰，這刑罰通常是為富有的人或有地位的人而設的。

「在／被聖靈感動……」

「在／被聖靈感動」(《現代中文譯本修訂版》譯作「聖靈支配著我」)這短語在全書共出現 4 次(一 10，四 2，十七 3，二十一 10)，原文直譯是「在靈裏」(*en pneumati*)。作者在此並沒有十分清楚表達這靈所指是誰，因為希臘文「靈」這字可以指「人的靈魂」，亦可指「聖靈」(甚至「風」)。而啟示錄可以指約翰突然間進入一種靈魂出竅的狀態，又或是在「聖靈的引導」甚或「支配」下。因此，《現代中文譯本修訂版》譯法比較配合內文意思。

那位「好像人子」(一 13)的要約翰把所看見的寫下來，並使其達於 7 間教會。在舊約聖經裏，耶和華對先知的曉諭不一定全都寫下來，但要寫下來，就暗示這些內容要流傳給後人，以作憑證之用。作者沒有直接指出誰是這位「好像人子」的，只是花了很多筆墨來形容他。約翰先以第三者的身分來形容他的外貌(14～16 節)，然後記載這人對自己的身分和能力的宣稱：「我是首先的，是末後的，又是永活的。我曾死過，看哪，我是活著的，直到永永遠遠；並且我拿著死亡和陰間的鑰匙。」(17～ 18 節)耶穌勝過死亡，這顯然是代表他的事件，值得留意的是，這個宣稱亦包括對上帝的獨有描述：「我是首先的」、「是末後的」和「是永活的」，可見耶穌在此是以上帝的身分出現的。

約翰用許多視覺性的詞句來帶出整個啟示錄的信息的主角：我們的主耶穌基督。這些描述構成了 7 封信的共同序言：教會的勸勉是來自耶穌，從而把這幾封信與約翰所記載的異象連接起來。

7.4.2.3. 給七個教會的信（二1～三22）

這 7 間教會位於羅馬帝國亞細亞省境內。其中的一些城市，都

從1世紀中期開始，以弗所成了傳揚基督信仰的核心城市（徒十八～二十章；林前十五32，十六8）。

是區內非常重要的；其中的**以弗所**，就是羅馬駐小亞細亞行政總督的所在地，城市人口約為225,000人，是當時最大的城市。同樣，士每拿是一個非常重要的港口城市，別迦摩更被譽為「亞細亞最有名的城市」。不過，城市的大小及教會人數的多寡，不是作者揀選要撰寫書信的最主要因素，例如米利都（徒二十15～17）及特羅亞（徒十六8～11，二十5～6）都是很大的城市，但都沒有包括在這7間教會之內，反而像推雅推喇和非拉鐵非這類小城市，卻包括在內。從地理上看，這7間教會所身處的7座城市連成了一個循環，約翰發信的次序是從7間教會之首以弗所起始，以老底嘉作結束。拔摩小島就像一個天然的講台，向著一羣會眾（或領袖）宣講信息。

在宗教文化方面，供奉希臘或羅馬神明的廟宇隨處可見；最值得留意的是，這7座城市也有很多帝王廟，例如位於撒狄城的奧古斯都神廟，是非常有名的，士每拿也有一座提庇留神廟，別迦摩除了有一座巨大的宙斯祭壇，也有第一座供奉被羅馬人神化了的奧古斯都神廟，而以弗所更有多達4座帝王廟，是小亞細亞君王崇拜的中心。這反映君王崇拜在這一帶地區非常盛行，而教會也在種種異教威脅中爭扎著。

舊約先知所領受的神諭，常常有這樣的囑咐：「要聽耶和華的話！」（王上二十二19；耶四十二15；摩七16）而類似的表達「凡有耳朵的都應當聽」也常出現在福音書裏（參可四9、23）。

每封信都有相同的格式：信的主體內容和結尾。結尾部分亦有一定的格式：「凡有耳朵的都應當聽聖靈向眾教會所說的話。」（參二7上）結尾的第二部分是對那聽從者（「得勝的……」）的應許（參二7下）。讀起來，這些書信像一些**神諭**，是榮耀的基督藉著先知約翰向眾教會宣布的信息，目的是預備教會迎接即將再臨的耶穌。

■ 給以弗所教會的信（二1～7）

以弗所教會殷勤勞碌，又耐心忍受逼迫和排斥，並且試驗假使徒，揭開他們的假面具，沒有讓他們敗壞教會（2 節）。然而，基督也斥責以弗所教會拋棄了起初的愛心（5 節），所以他們必須回想從前的景況並牢記在心，又要悔改；若不悔改，基督就要把他們的「燈臺從原處挪去」，這意味著基督要消滅他們的教會，使教會歸於無有。基督對得勝者的獎賞是可以吃「上帝樂園中生命樹的果子」（參二十二 1，19），這果子比喻永生（創三 22～24）。

那自稱為使徒……

到了公元 1 世紀末，「使徒」這稱呼已經不是指「十二使徒」；故此「那自稱為使徒……」（二 8）就未必是指十二使徒，可能是指當時巡迴佈道的傳道者，相等於今天的佈道家。這些人（包括使徒、先知、教師）的工作可能受信徒贊助，但一般都是依賴地方教會接待的（參約三 5～8）。基督教運動與其他宗教運動一樣，當中不乏騙子。在當時的情況下，試驗巡迴的使徒和先知的真偽，對各地教會而言，是十分有需要的。

按一份來自 2 世紀初的文獻《十二使徒遺訓》（*The Didache*）11 至 13 段所載，作者特別強調考驗真假使徒的重要性，並且特別指出一些指引：

- 教導的內容與傳統教導有別的，都不應接待他；
- 要求住宿超過兩晚的，就是假先知；
- 若這些人在離開時向信徒索取金錢，就是假使徒；
- 言行不一的，就是假先知。

■ 給士每拿教會的信（二8～11）

教會正經歷猶太人的迫害，可能是他們在官長面前毀謗基督徒不敬拜羅馬君王的像。猶太人在當時享有特殊地位，可以不參加某些法定的崇拜活動。猶太基督徒只要聲明自己是猶太人，便可享有這些特權，所以，這裏受迫害的都是外邦基督徒。約翰在此重申，基督徒才是真正的猶太人，這是初代基督徒的普遍觀念（參加六15～16；腓三3）。信中特別提及士每拿教會的信徒可能很快會被捕（啟二10），看來形勢非常嚴峻。在啟示錄寫成20年後，大概公元2世紀初，士每拿的一位主教坡旅甲（Polycarp）——亦是約翰的門徒——同樣是因當地猶太人聯同異教徒向羅馬政府提出對他的指控而殉道的。

■ 給別迦摩教會的信（二12～17）

「見證人」希臘文是 martys，這個詞很快被賦予「為見證信仰而死」這含義。英文 martyr（殉道者）就是源自這個希臘字。

書中所説「撒但座位之處」（二13）可能就是指城中的帝王廟，也可能是指宙斯大祭壇或羅馬地方法官所座的審判席。基督稱讚別迦摩的基督徒，因為他們面對逼迫仍堅定不移。那位忠心的「**見證人**」安提帕之所以被處死，很可能就是因為他沒有獻祭給神化了的羅馬皇帝和諸神。但是，基督也責備別迦摩教會，因為教會容忍假教師存在於教會之中。

偶像崇拜和淫亂

以色列人身為「上帝子民」這特殊身分，是傳統猶太教最核心的元素。猶太教強調的獨一神論、分別為聖和道德情操（利十九2「你們要聖潔，因為我耶和華—你們的上帝是聖潔的」）等等，都是為維護這核心價值衍生出來的教導。公元1世紀有位著名猶太教知識份子斐羅在他的書《論特殊律法》（*The Special Laws* 1.315～316）中告誡讀者，要抵擋那些自詡為先知的人，因為這樣的人很容易引誘人接納了異教的行為。

基督信仰源自猶太教。初代基督徒視自己為真正的以色列人或猶太人（啟二9），所以基督教會也與猶太教一樣，要努力在一個偶像林立的宗教文化社會裏，保持自己作為「上帝子民」這身分的獨特性。偶像崇拜（或吃祭偶像的食物）與淫亂兩者，在現今我們身處的社會扯不上關係，但在古代社會，兩者的關係卻非常密切。

信仰強調的不是理智的分析，而是信徒與神明的交往；古代宗教尤其看重這點。為要促進崇拜者與神明的靈交，希臘和羅馬時期的一些宗教均相信：性交是提升敬拜者狂喜程度的途徑，所以很多神廟都有廟妓。因此，新約聖經經常把拜偶像與淫亂兩者混為一談。

至於吃祭偶像的食物，舊約聖經沒有明確禁止猶太人吃祭過偶像的食物。以色列人與周邊民族的飲食習慣頗為相似，即使以色列人認為其他民族都拜偶像，但食物卻不是一種偶像崇拜的標記，而且當時以色列人的凝聚力很強，他們有自己的生活習慣，不必認同異教徒的生活方式。但在耶穌出生前約 200 年的這段日子，很多猶太人深受希羅文化吸引及影響，而這些住在猶太人周圍的希臘人和羅馬人的生活習慣與猶太人又截然不同。因此，要維持上帝子民這種獨特身分的意識，猶太人必須在生活及飲食習慣上凸顯自己與其他民族不同。古時的以色列人平日都不甚吃肉，而且他們以游牧為生，肉類可算自供自給，根本不用去市集買。但到了羅馬時代，人通常都會將經過公開或私人宗教祭祀儀式的祭肉，放在市集售賣，所以他們吃的肉大都曾祭祀神明。在這情況之下，吃肉就直接與異教的祭祀關連起來。兩約之間時期，猶太領袖都嚴禁猶太人吃這種祭偶像的肉（《馬加比四書》〔*4 Maccabees*〕5.2～3）。

初代教會中有些人（特別是猶太裔基督徒）往往要求外邦信徒服從這種禁忌（徒十五29），但保羅對這個問題的態度則有點寬鬆，他以「不知者不罪」的原則來處理這問題（林前八 4～13，十 14～十一 1）。保羅的邏輯是：既然肉都已經公開在市場上售賣，信徒就不用去追究其來源是否有祭過偶像，但如果有人特別向信徒指明這是祭過偶像的，不應吃。在這情況下，信徒就應該基於「彼此相愛」的原則，不以絆倒人為大前題，而不吃這些肉。

約翰在寫給 7 間教會的書信中，就提及教會面對許多與偶像崇拜（或吃祭偶像的食物）和淫亂相關的事情的威脅，並特別提及幾個黨羽代表的名字或代號：「尼哥拉派」、「巴蘭」和「耶洗別」。從約翰的描述可見，這些人其實都是指同一類人，就是把偶像崇拜與淫亂帶進教會裏去。能夠牽動教會走上歪路的，當然是教會的領袖了。約翰所斥責的，可能不是指這些人鼓吹道理淫亂，而是企圖要把教會與異教信仰和風俗匯合起來。

- 「尼哥拉派」（二 6、15）：「尼哥拉」這個名字在啟示錄出現過兩次（二 6、15），一般都相信這人與使徒行傳提及安提阿的尼哥拉（徒六 5）不是同一個人。約翰幾乎沒有介紹這個派別的人的惡道，但既然與「巴蘭」等人相提並論（啟二 14～15），尼哥拉派的人的教導應與「淫亂」和「吃祭過偶像之物」有關。好幾位早期教父，如愛任紐和希波律陀，亦有提及「尼哥拉派」這名字，認為這是當時諾斯底派的分支；然而，在我們現存的諾斯底文獻卻從沒有提及他們慫恿淫亂，也沒有教人吃獻祭的肉。

- 「巴蘭」黨派（二 14）：巴蘭本身不是以色列人，但卻是古以色列時代一位敬拜耶和華的外邦人，亦是一名先知；他跟以色列之間的膠葛記載於民數記 22 至 24 章。民數記作者認為，以色列陷入偶像崇拜和不道德的行為，巴蘭要負很大責任（民二十五 1～5，三十一 16）。後來的猶太教傳統一般都把巴蘭視為假先知的典型，同樣約翰也用了「巴蘭」這名稱作為別迦摩教會中那些假教師的代號。
- 自稱是先知的婦人「耶洗別」（二 18）：耶洗別是以色列北國亞哈王的妻子，她不但是一個外邦人，她父親更是一位巴力祭司，因此，她將巴力崇拜引入宮廷之內。這女子聲名狼藉，一生經歷充滿戲劇性（參王上十六 28～十九 3；王下九 22、30～37）。耶洗別曾與 850 個巴力的先知聯合（王上十八 19），對抗耶和華的先知以利亞（王上十八 4），且把「賣淫和巫術」引進以色列。推雅推喇的「耶洗別」可能濫用先知恩賜，引進異教的風俗文化（啟二 20）。約翰指出，這些異教行為令「耶洗別」及她那一幫人病倒了，並要受大患難以致死亡（22～23 節）。由此可見，基督徒患病可以解釋為上帝對罪惡的一種審判（林前十一 29～30）。

■ 給推雅推喇教會的信（二18～29）

推雅推喇教會跟以弗所教會一樣，因著信心、勤勞、忍耐受到了稱讚（2～3 節），但推雅推喇教會又跟以弗所教會不同。基督對推雅推喇屬靈狀況的評估，是推雅推喇教會現在比以前更健康（19 節）。與當時教會的情況一樣，推雅推喇教會同樣面對異端教導的困擾（20～23 節）。約翰特別鼓勵那些沒有跟隨「耶洗別」、也不明白那些「撒但深奧之理」的人（24～25 節）。這裏所指「撒但深奧之理」大概是指「耶洗別」的教導。約翰可能故意模仿「耶洗別」的口頭禪，只不過在此他用「撒但」代替了耶洗別口中的「上帝」(參林前二10)。

■ 給撒狄教會的信(三1～6)

撒狄教會主要被責備的事就是:這教會只有少數基督徒「未曾污穢自己的衣服」(4節)。基督知道撒狄教會屬靈的真實景況,他們看來似乎熱心而有活力,其實正處於屬靈死亡的邊緣(1節)。基督鼓勵撒狄教會警醒,要趁著仍有機會,趕快改過自新。但倘若他們不悔改,基督就要像賊一樣,在他們想不到的時候突然臨到(3節)。這書信特別提及「穿白衣」(5節)。當時的人一般在宗教節日或舉行獻祭等崇拜活動的時候,才會穿白衣,所以這可表示道德和心靈上的純潔,但這也可指戰爭的勝利,因為羅馬將軍凱旋歸來時也穿白衣。

■ 給非拉鐵非教會的信(三7～13)

作者把基督描繪成「拿著大衛的鑰匙,開了就沒有人能關,關了就沒有人能開的」(7節;參賽二十二22),這表示基督已經在末世的國度中為他們預留了座位。非拉鐵非的基督徒羣體明顯是相對較小,也比較貧窮的,但在信仰上卻堅定不移(啟三8)。非拉鐵非的基督徒大概與士每拿的基督徒一樣,曾遭遇猶太人向羅馬當局告發的事(9節)。由於他們堅韌地忍受逼迫,堅持為耶穌作見證,所以,他們必在「普天下人受試煉的時候」(10節),免去自己的試煉。得勝的人要在上帝殿中作「柱子」(12節),這強調在新耶路撒冷裏基督徒羣體中的位置。

■ 給老底嘉教會的信(三14～22)

基督對老底嘉教會只有譴責,特別責備他們「不冷不熱」,這比喻信徒屬靈生活沒有果效。這個比喻與該地區的供水情況相關。老底嘉附近有希拉波立和歌羅西這兩座城(西四13)。兩座城市中,希拉波立的「熱」泉因有治療功效而名聞遐邇,歌羅西的「冷」水則以清澈著

在老底嘉恰好有一所醫科學校，而且這裏也是藥業的中心城市，出產一種祕製眼膏，甚有療效。

稱；惟有**老底嘉**的水是溫的，水又多，水質又不好。老底嘉教會以為自己富足，一無所缺，其實卻是「困苦、可憐、貧窮、瞎眼、赤身的」（17 節）。這種屬靈狀況實在可悲可歎！他們若要得醫治，就得有被試煉的火煉過的「金子」，穿上純潔的「白衣」，又要用「眼藥」治好他們的眼力（18 節）。基督對教會的應許是：凡得勝的基督徒，就能和基督一同坐在他的寶座上，就像基督坐在他父的寶座上一樣（21 節），這也是指和基督一同掌權。

7.4.3. 末世的異象（四1～二十二5）

約翰所看見的末世異象非常多樣化，很難找出一個系統來。但整體上，其主線是由 3 個「七」所組成：「七個印」（六 1～八 1）、「七枝號筒」（八 2～十一 19）、「七碗」（十五 1～十六 21），然後在第六個印/號/碗發生之前，作者都會加插另一些異象，預備那高潮（第七個印/號/碗）的來臨。除了「七」的異象，也有象徵羅馬的巴比倫淪陷（十七 1～十九 10）和基督的來臨等事（十九 11～二十二 5）。

對於末世異象這部分的結構的理解（四 1～二十二 5），學者的意見不一。早期的學者認為，約翰所見的異象是順時序發生的；換言之，在解釋這些異象如何對應人類歷史所發生的事件時，我們幾乎可以拿著過去 2000 年的歷史年鑑來與啟示錄對照，然後作解釋。

從宏觀的層面來看，異象的進程確實是順序的。很明顯的是，若將「七個印」中的第一個印所帶出的災難與二十一章那從天降下的新耶路撒冷比較，後者的出現肯定是較後期的。從微觀的層面看，不難發現這些異象的內容似乎有些是重複出現的。這可能是因作者記載後來出現的異象時，會以不同的角度重述早期的異象。雖然個別異象和表達方式相似，但異象的處境就不同了。例如：七號筒帶出的災難（八7～十一19）與七個碗的災難（十六章）就有許多相似的地方，但七個碗的災難的處境明顯比七號筒更嚴峻，亦更接近耶穌的來臨。

如此，異象的進程是有先後次序的，但很多異象只是強化先前的異象，目的是對促成末世降臨的事件提供不同的看法。

7.4.3.1. 異象的前奏（四1～五14）

從四章開始，啟示錄的描述換了一個新舞台，約翰從地上提到天上去；自此，他所看到的所有異象都是在天上發生的。要將「以後必須發生的事」（四1）寫下來，就是約翰的使命；這一點在本書的開首之處已清楚説明（一1、19），到啟示錄四章，這主題又重複出現（1節）。

約翰所看見的第一個天上的異象是**敬拜的場景**。敬拜是天上生活的特點，這裏的焦點不是要説明天上的崇拜，而是要介紹天上寶座的場景。以後約翰看到的，很多事情都在這裏發生，而且很多人物都會重複出現，所以作者必須首先為讀者介紹這場景。這天上的場景把上帝形容為一個偉大的君王，住在天上富麗堂皇的宮殿裏，身邊有無數侍臣為王效力。值得留意的是，作者從沒有直述上帝的身分，只稱祂為「坐在寶座上」（2節）的，而只集中描述寶座周圍的情境。這種描述手法，是以「周圍的榮耀」來説明「榮耀者本身」。這周圍的榮耀也有層次之分：外圍的有「彩虹」（3節）和「二十四位長老」（4節），內圍的則有「四活物」（6節），然後是「七支火炬」（5節）和「玻璃海」（6節）。這一切的周圍還有千千萬萬的天使，他們環繞著寶座（五11），這要襯托出「二十四位長老」的稱頌：「我們的主，我們的上帝，你配得榮耀、尊貴、權柄，因

約翰的描述以舊約聖經以西結書一章4至28節為根據，大體上符合猶太人對天庭的傳統觀念。

為你創造了萬物，萬物因你的旨意被創造而存在。」（四 11）所描述的人或物，或許有以下的象徵意義：

- 「二十四位長老」：以尊貴大使般的裝束（「身穿白衣，頭上戴著金冠冕」），象徵上帝的全體子民（以色列十二支派加上十二使徒）。
- 「七支火炬」：代表七靈，是會幕或聖殿裏所用的燭臺（參亞四 1～10）
- 「玻璃海」：可象徵上帝的超越性，以及表示祂與整個受造界是分開的。
- 「**四活物**」：有翅膀，長滿眼睛，象徵上帝的全知（參賽六 2；結一 5～25）

公元2世紀的教父愛任紐解釋這「四活物」為新約的4本福音書：獅子代表約翰福音，牛犢代表路加福音，人代表馬太福音，鷹代表馬可福音。

天上場景的中心位置當然是那坐在寶座的（五 1「坐在寶座上那位」），但描述的目的是要帶出上帝手中被七個印封上的書卷和那位死後復活的羔羊。在此須留意作者用了**劇戲性的表達手法**來帶出羔羊如何配得起揭開書卷（五 2～4）：有天使出來，欲尋找一個配揭開印並展開書卷的人，約翰一聽到沒有人能打開，就大哭起來了。這種戲劇性表達方式帶出以色列人一直以來對彌賽亞的期待。字裏行間對這位彌賽亞的兩組描述是重要的。首先是指出傳統猶太人對「戰士式」彌賽亞的描述：「猶大支派中的獅子」（5 節；參創四十九 9）和「大衛的根」（5 節；賽十一 1、10），然後帶出初代教會經歷中的「受苦」彌賽亞的描述：「像是被殺的」羔羊（6 節）。

類似的戲劇性表達方式，在舊約聖經也有（參賽六 8「誰去引誘亞哈……呢？」；王上二十二 20「我可以差遣誰呢？」），而情境彷似天上的宮庭議會，商討的議程是要委任使者。

「羔羊」這詞在全本希臘文新約聖經共出現 30 次，而啟示錄佔 29 次。在這書中，耶穌基督都以羔羊的身分出現。

「**羔羊**」這個詞帶出逾越節的背景（參約一 29；林前五 7；彼前一 19），暗指耶穌作為祭牲受死。所謂「『像是』被殺的」，實指耶穌曾經死了，後來又從死裏復活。

作者沒有解釋那書卷的內容，似乎暗示了當時的讀者對此是全然知道的；從作者接著所寫的內容來看，這書卷的內容明顯指末世將要發生的事情。上帝為救贖世人預定了一個計劃，書卷所代表的，是這計劃最後階段的成就。這階段從基督受死、復活及升天作開始，以上帝永遠作王為結束。也就是說，書卷象徵著啟示錄所敍述的整個末世進程。

羔羊「從坐在寶座上那位的右手中拿了書卷」（五7），他「一拿了書卷」（8節），天庭中及天地間的一切所有都歡呼了。然後有一段頌歌（9～14節），這歌像是一段啟應式頌歌，慶賀書卷能被羔羊展開，因為羔羊已經藉著死，將救恩賜給萬國的民。

7.4.3.2. 七個印（六1～八5）

「揭開」（*anoigō*；譯作「拆封」更適合）這詞語很生動地為啟示錄的異象揭開序幕：上帝的百姓遭逼迫，祂要審判全地，在地上建立祂的統治。

首6個印記載的一些事情可能已經發生。無論是軍事威脅、戰爭、饑荒和瘟疫，甚或基督徒殉道之苦等事情，其實經常發生，但當作者遇到這些事情，認為自己已站在歷史的終點。

羔羊在打開**首6個印**時，都有災難發生，其中一些是上帝借用邪惡力量之手來懲罰罪惡的人。打開前4個印（六1～8）時，分別有「騎馬的」帶給人類災害（參亞一8～11，六1～8）：軍事威脅、戰爭和流血、饑荒，以及疾病和死亡。打開第五個印時，約翰看見祭壇下面殉道者的靈魂呼求公義的彰顯，但有聲音告訴他們要等候，直到他們的數目滿足（啟六9～11；參七1～8）。第六個印被拆封時，發生了一系列自然界的災難：大地震，日食，月亮變紅，眾星墜地（參太二十四29；可十三24～25），天空隱匿不見，一切高山海島都被挪移。這些可怖的大災難使社會各階層中不信的人都震驚起來，他們開始懼怕上帝和羔羊的審判。

第七個印象徵上帝審判的高潮，在這發生之前，約翰記載兩個異象穿插在這裏，目的是要回應啟示錄六章 17 節：既然憤怒的日子如此可怕，那麼上帝子民（或僕人）又如何呢？這兩個異象分別代表當時教會中的兩類人：

據出埃及記所載，當降災之時，上帝使以色列人與埃及人分別出來（出八 22，九 4～7、26）；上帝又吩咐以色列人在他們家的門上劃上記號，他們才免受與埃及人同樣的災禍（十一 7，十二 13）。

- 七 1～8：上帝要等到所預定的 144,000 名殉道僕人都出現才降災禍。這羣人代表教會中為主作見證而殉道的中堅分子（參十四 1～5）。他們的額上受了**印記**。對當時的讀者來說，這些人都被羅馬帝國逼迫至死；他們卻不會受到上帝向不信的人所降的災禍所影響。有關「十四萬四千」（12 x 12 x 1000）的象徵性意義，可作如下理解：「12」表達完美（一般是指地上的事或物質世界而言），例如十二支派或十二使徒；「1000」代表一個頗大的數目，可代表民眾。
- 七 9～17：除了這 144,000 名僕人，還有無數的忠信者，他們可以說是上帝的全部子民：「這些人是從大患難中出來的。他們曾用羔羊的血把衣裳洗得潔白。」（14 節）然而，一旦永恆國度的晨光初現，他們也要進入永恆，享受永恆的祝福（參二十一 1～5）。

在啟示錄，「一個時辰」（hōra）一般代表短暫時間（啟十四 15〔譯作「時候」〕，十七 12），這裏的「半小時」可能代表非常短暫的時間。

打開第七個印的情境與之前的 6 個印很不同。這時，天上突然「寂靜約有**半小時**」（八 1），就好像太初上帝創造世界時的沉靜。一位天使站在上帝寶座前的祭壇邊，基督徒祈求拯救和公義的禱告像香的煙一樣，升到上帝面前。天使拿著香爐倒在地上，這象徵每枝號筒吹響後降在人類中間的審判，亦代表上帝為聖徒伸冤。封印的書卷現在徹底拆封了，而啟示錄餘下的部分也跟著書卷上所記的，逐步逐步向前發展（八 1～

5）。七號筒系列在此與七個印繫連在一起。手持七號筒的 7 位天使準備在地上施行審判，就是在主的日子施行的審判，這些審判是上帝國度降臨的序幕。與七個碗的異象一樣（十五 1～十六 21），七號筒異象的審判與埃及「十災」很相似的。

7.4.3.3. 七號筒（八6～十一19）

這七號筒異象可分為「前 4 個號筒」和「後 3 個號筒」。八章 13 節特意把最後 3 枝號筒分開來，這顯示最後 3 個災難將比其他災難更為嚴重，描述更詳細，而作者也特別用「災禍」（*ouai*；《現代中文譯本修訂版》譯作「災難」；九 12，十一 14）來形容。這些「審判」與從前在埃及發生的災殃遙相呼應（參出七 8～十一 10），並跟那些災殃一樣，都是向當時的「法老」宣告暫時、局部的審判要來到。繼啟示錄六至七章之後，作者又一次提到上帝進行審判，但這一次使用了更為傳統的「號筒」的形象。

七號筒異象的一個明顯特徵，就是受災難影響的只有「三分之一」（八 7）；這也就是說，有三分之二可倖存。同樣，第五號筒所帶出的災難也只能使人痛苦「五個月」（九 5～6、10）。可見每一次的毀壞都是有限的。上帝始終掌管著末世的進程，邪惡力量只有在祂所定的範圍之下才可以逞兇（另參十二 8，十三 5、7、14、15，十六 8）。

- 第一枝號筒（八 7）：雹子、火和血從天降下（參出九 22～25 的第七災；啟十六 8～9、19～21 的第四個碗、第七個碗）。
- 第二枝號筒（八 8～9）：一座大山把海洋染成血（參出七 20～21 的第一災；啟十六 3 的第二個碗）。
- 第三枝號筒（八 10 ～ 11）：一顆名叫「**苦艾**」

「苦艾」並不是那顆星的名字，而是指這顆星能帶來毒害，所以得此名稱。

號筒

「號筒」(*salpigx*;或譯「角」;參尼四 18、20;賽十八 3〔希伯來文:*šôpār*〕;林前十四 8)是指一種用羊角造成的號。在以色列早期歷史,它是用來召集人民作宣布的一種器皿,主要可用於鼓舞鬥志或警告危險(士三 27,六 34)。角聲吹響也表明上帝顯現,召喚以色列人接受律法(出十九 13;來十二 18~20)。舊約先知提到,角聲是要警告人們滅亡將至(賽二十七 13;耶四 5、19、21;珥二 1、15),上帝甚至會親自吹角(亞九 14;另參帖前四 16)。在敬拜集會中也會用號筒與其他樂器一齊彈奏音樂(民十 10;代上十三 8,十五 23,28;代下七 6,十三 12、14,十五 14;詩四十七 5,八十一 3,九十八 6,一五〇 3)。在啟示錄中提到的吹號,如同在創世記十九章 28 節,約珥書二章 1、5 節和撒迦利亞書九章 14 至 15 節所載的,是指在上帝的日子裏,就會吹起號角,邪惡的會被定罪,正義的會得以進入天國。啟示錄這個部分和全書的其他部分一樣,角聲是歡樂的(啟十一 15~19)。

的大星落到河流去,把三分之一的河流和泉源變成了有毒的。

- 第四枝號筒(八 12):太陽、月亮、星辰的三分之一變黑(出十 21 的第九災;啟十六 10 的第五個碗的災)。
- 第五枝號筒(九 1~12):這是作者特別說明的第一個「災禍」(九 12)。象徵撒但這星從天上墜落到地上(參十二 9),他得到權柄可主管無底坑,有無數蝗蟲從那裏飛出來做成各種破壞,但只能傷害那些沒有上帝印記的人(九 1~12;參出十 4~20 的第八災)。
- 第六枝號筒(九 13~21):第六枝號筒帶出第二個「災禍」(十一 14)。天使釋放囚在幼發拉底河的 4 大惡人,他們所率領的軍隊要殺死三分之一的人(與十六 12 的第六個碗的審判類似)。即使有那麼大的人為災難，但人們仍是不願意呼求上帝（九 20～21）。

- 第七枝號筒（十一 15～19）：就如揭開第七個印的時候（八 5），大冰雹和地震伴隨著第七枝號筒吹響。這些卻不是懲罰，而是預示上帝要親自顯現，如同祂在西奈山賜下律法的時候一樣（出十九 16～ 22，二十 18～21；申四 11～12，五 22～27；另參來十二 18～19）。有聲音宣告說：「世上的國已成了我們的主和他所立的基督的國了。他要作王直到永永遠遠！」（啟十一 15）按字面閱讀，彌賽亞的統治好像開始了，上帝的國度已經到來。然而，作者只是把他最渴望的終結之事投射到這裏來。事實上，緊隨著七號筒而來的災難，仍有很多驚駭的異象和七個碗帶來的災禍。

在第七枝號筒吹響前，作者加插了另一個異象（十 1 ～ 十一 14），強調敵基督的邪惡力量已經達到高峯，而上帝的子民的痛苦和殉難也到了盡頭。約翰看到的那位大力天使，使人想到但以理書的最後一個異象。當中提及一個大力的天使（但十 4～6），他預言了「三年半」（但十二 7「一載、二載、半載」）的迫害時期，與這裏的「四十二個月」或「一千二百六十天」相對應（啟十一 2～3，十二 6，十三 5）。約翰從這天使手中，接過小書卷吃下去。這是一個象徵性的動作。藉著吃小書卷，約翰將書卷上的話記在心中，目的是要把這些話當作預言說出來。

之後，天使叫約翰「將上帝的殿和祭壇，以及在殿中禮拜的人，都量一量。」（十一 1）這裏的聖殿應該指天上的聖殿，因為耶穌時期的耶路撒冷聖殿（也是大希律修建的聖殿）已經於公元 69/70 年間被羅馬軍隊徹底被摧毀了。量度帶有保護的意思，目的是要與殿外的外邦

按摩西律法，一項證據至少要有兩個見證人來支援（民三十五30；申十九15；另參約八17；來十28）。

人（指異教徒）分別開來。這些異教徒要踐踏聖城「四十二個月」，但那**兩位見證人**要傳道「一千二百六十天」。這裏沒有明確指出兩個見證人到底指誰。猶太人一直認為，在末世時上帝會差派摩西和以利亞再來（參申十八15～18；瑪四5～6）；按一份名叫《以賽亞啟示錄》（*The Apocalypse of Isaiah*）的文獻，這兩人是以諾和以利亞。兩個見證人在短時間內不會為人所害，但這段時間一過，他們就要被無底坑上來的獸殺害（啟十一7）。這獸就是那從海裏上來的獸（十三1，十七8）。兩個見證人在「大城」（十一8）傳道和殉道，這無疑是指耶路撒冷，也就是基督被釘十字架的地方。

象徵和數字的意義

正如一般天啟文體作品，啟示錄在表達上採用了很多象徵手法和具有象徵意義的意象，有些象徵，作者自己也會加上解釋，但其他則可能是源自其他天啟文體作品或當時的文化共識；其中也有與舊約聖經有關的（參王上十一30～32；賽二十2～4；耶十三1～11，十九1～3）。這些象徵的目的往往是要塑造一個意境，讓讀者投入其中。以下是一些象徵及其代表的意思：

- 「女人」　人民（十二1～6）或城市（十七1～2）
- 「角」　能力（五6，十二3）或朝代的勢力（十三1，十七3～6）
- 「眼」　知識（一14，二18，四6，五6）
- 「翅膀」　流動性（四8，十二14）
- 「喇叭/吹號」　上帝或非一般人的聲音（一10，八2～13）
- 「利劍」　上帝審判的話（一16，二12、16，十九15、21）
- 「白袍」　光榮（六11，七9、13～14，二十二14）
- 「棕樹枝」　得勝（七9）

- 「冠冕」　統治、王權（二10，三11，四10，六2，十二1，十四14）
- 「海」　邪惡的東西、沒有安全感或死亡（十三1，二十一1）
- 「白色」　得勝的喜樂（一14，二17，三4～5、18，四4，六11，七9、13、十九11、14）
- 「紫色」　奢華，王權（十七4，十八12、16）
- 「黑色」　死亡（六5、12）
- 「三分之一」　有限度的範圍
- 「六」　次於完美，故帶有邪惡的意思
- 「七」　源自上帝創世所需日子，代表「完整」、「包含所有」
- 「十二」　源自十二支派，表達完美（一般指地上的事或物質世界而言）
- 「四」　指這世界的整體

此外，值得留意的是「一千二百六十天」（十一3，十二6）、「四十二個月」（十一2，十三5）或「三年半」（十二14）這3個數字。新約時期的羅馬帝國曆法與今天的頗為相近，但約翰在這裏所用的是古羅馬曆法。按這曆法，平均每個月有30天。因此，在數值上，3個數字都是一樣的，但所用的字眼就給人一種很不同的感覺：「一千二百六十」所代表的日子明顯最長，而「三年半」則是最短的。十一章2節提到，那些異教徒（外邦人）要踐踏聖城「四十二個月」（即逼迫的日子），但那兩位見證人要傳道「一千二百六十天」，這是多麼令人欣慰，亦帶出上帝的寬容。在天啟文體作品裏，數目都不會指實際的數值。

對於猶太人來說，「三年半」是難忘的數字。自以色列國和猶大國分別於公元前8世紀和6世紀亡國後，猶太民族一直在外邦管轄之下，而在安提阿古四世下的統治是最苦不堪言的。從公元前168年6

月到公元前 165 年 12 月這「三年半」期間，安提阿古四世大肆迫害猶太教：在耶路撒冷原有祭壇之處，安提阿古竟豎立起異教祭壇，並向希臘最高神明宙斯神獻祭，甚至以豬作為祭物。自此，「三年半」就成為表達迫害的象徵數字了（另參路四 25；雅五 17）。但以理書所提到的「三年半」（即「一載二載半載」）有可能指這個時期（但七 25，十二 7；另參九 27）。

7.4.4. 最大的逼迫（十二1～十四20）

這部分是啟示錄的中心部分，代表著邪惡勢力的怪物（龍和兩隻獸），從根本上是與羔羊和他的人民為敵的。撒但不會放過任何一個摧毀基督和他的教會的機會（十二章）。為了達到這目的，作為首領的龍便敦促海上的獸對付教會；這獸就是羅馬帝國，帝國要求所有人民參與君王崇拜（十三章）。面對著這種肆無忌憚的迫害，基督徒必須有信心，因為上帝和羔羊最終必定會勝利（十四章）。這裏再一次見證著，倘若信徒能夠對上帝有堅定不疑的信念，祂必定拯救祂的子民。

7.4.4.1. 婦人、孩子與龍（十二1～18）

啟示錄十二章展開新一組的異象。在時間上，這並不延續之前的異象，而是走回作者所處身的時期，從耶穌時代直到多米田時代（十二 1～十三 12）；隨後，約翰才繼續預言末世要發生的事件（十三 13～十四 20）。作者以一些人所共知的歷史事件作為異象的內容，目的是要說明：歷史的發展都如上帝所計劃般發生。

有解經者認為這婦人是馬利亞，這個解釋的問題是：13 至 17 節提到她的「其餘的兒女」（17 節）；另一可能性是：這婦人代表所有信徒。

約翰看見一位榮耀的**婦人**生子的經過，那生下的兒子卻受到大龍的攻擊（十二 1～6、13～17）。在這故事裏，約翰插入了米迦勒與龍在末世的戰爭（7～9 節）。婦人、孩子與龍的故事可以有多種解讀：

- 這裏的婦人與大淫婦對立（十七章），她可能象徵錫安或屬天的耶路撒冷，在猶太傳統中這是相當普遍的（參賽二十六 1、17、18），可引伸代表基督的教會。
- 生下的孩子是「將來要用鐵杖管轄萬國的」（十二 5；參詩二 9），顯然就是指彌賽亞。那長著 7 個頭的大龍試圖把孩子吞了，但這孩子被「提到」上帝和祂寶座那裏去（啟十二 5）。
- 龍代表撒但，而對約翰和原讀者來說，這象徵羅馬帝國的勢力。

從歷史角度，所指的事實是，代表羅馬政權的猶太省總督本丟彼拉多殺害了耶穌，但耶穌卻從死裏復活，並升到天上。

與彼得前書的作者一樣，約翰把當時基督徒所受的逼迫，解釋成撒但的工作。撒但在世界上尋找可吞吃的人（彼前五 8）。

古人認為**撒但**住在天上，而不是地獄。一旦耶穌得到榮耀，奪回原本由撒但操縱的權柄，並管轄列國，天上就不再有撒但的住處。因此，撒但和跟隨撒但的墮落天使從天上被趕出，然後扔到地上（十二 7～12；參路十 18）。擊敗撒但的是天使長米迦勒和眾天使，而信徒勝過他，是「因羔羊的血，和因自己所見證的道」（11 節）。撒但在這個時候試圖在地上逼迫婦人，但未能如願，婦人逃到曠野（13～17 節）。這龍的怒氣又向婦人的其他孩子發作，就是那些遵守上帝命令，為耶穌作見證的信徒。這個異象描述的事件，可能與維斯帕先和他兒子提多帶領羅馬軍隊，圍攻耶路撒冷一事相關：按後期的教會學家記載（優西比烏的《教會歷史》3.5.2～3），猶太基督徒羣體在羅馬毀滅耶路撒冷（公元 70 年）之前，就逃往約旦河對岸的百拉大城（Pella）。

(戾)龍

究竟(戾)龍(希臘文:***drakōn***)這個觀念是從哪裏來的呢?

有些學者認為,約翰借用當時希羅神話有關「勒托、阿波羅、皮同」(Leto, Apollo, Python)的著名故事來描述這個異象。傳說女神勒托懷上了阿波羅,遭到一頭名叫皮同的大蟒蛇(或龍)追殺。於是勒托逃到一座荒島,最終產下阿波羅;阿波羅剛出生4天就把皮同殺死。然而,「龍」的形象在自古代迦南的戰爭神話中也是很普遍的。所以在舊約聖經,我們看到以色列的敵人,也就是邪惡的力量,通常被描繪成一條龍(伯四十15～41;箴七十四12、89;賽五十一9;摩九3;另參結二十九3～4,三十二2～3)。一般學者都認為,約翰是延續猶太人那龍的傳說。

在一般中國人觀念中,「龍」是吉祥的代表,用這吉祥物來翻譯聖經中最邪惡的東西是非常令人遺憾的做法。英文 dragon 這字是音譯自希臘文的 ***drakōn***(拉丁文 *draco*〔字根 *dracon-*〕也是音譯自這希臘字)。在約翰的用法中,***drakōn*** 這字是較廣的,可涵蓋「蛇」(十二9),但現代英文 dragon 的一般用法就沒有這涵義。早年中文聖經翻譯者都是外籍宣教士,他們受到英語 dragon 的影響,就嘗試從中國文化處境中尋找一種天上的(神話)動物,結果找出「龍」來。這個結論多少反映當時很多宣教士對中國文化傳統抱懷疑態度,只著眼「龍」的本土異教的神話元素,而忽略這是一般中國人眼中的吉祥物。

為避免在翻譯上的錯配,譯者可以額外加上修飾詞來補充,例如《現代中文譯本修訂版》就譯作「戾龍」;讀起來就知道這不是一般人心目中的吉祥物了。更好的處理方法是把 ***drakōn*** 當作專有名詞處理,音譯為「杜拉根」(參《和修》十二章3節的註腳)。這詞聽起來比較陌生,但幾百年前,當英文聖經出現 dragon 這源自希臘文的音譯字時,人們同樣也是非常陌生的,之後就習慣了。

7.4.4.2. 兩隻獸(十三1～18)

在啟示錄,「我看見」(十三1)這短語往往是用來帶出另一個異象的。單是十三和十四兩章已出現了5次(十三1、11,十四1、根據猶太人的神話，上帝在第五天造了一對雌雄獸，分別是來自海的利維坦（Leviathan）和來自曠野的比希莫（Behemoth）。這神話的描述與約翰所描述的也有不少相似的地方。

6、14）。

隨著新一幕（另一個異象）的出現，焦點放在龍的**兩個地上黨羽**（海獸與地獸），而牠們幫助撒但逼迫基督徒。這樣就組合了邪惡的三位一體了。**第一隻獸是從海裏來的**（十三1～10），帶著已被治好的致命傷口；這表示牠像是從死裏復活的。第二隻獸是從地裏上來的（十三11～18）。牠像羊羔有兩隻角，說話卻像龍，顯然這是一隻披著羊皮的狼；牠是先前那獸的吹鼓手，要為那隻獸歌功頌德，欺騙世人去拜牠。約翰筆下的獸的模樣，綜合了但以理所描述的從海中上來的4個獸的一些特徵。海獸是壓迫以色列的外邦民族的代表（但七1～8）。

這海獸的7個頭既代表羅馬的7座山，也代表羅馬的7個皇帝（十七9～10）。獸角象徵權力，10個冠冕象徵普世王權。

究竟這兩頭獸指甚麼呢？理解的關鍵在666這個數目。第二隻獸強迫每個人的右手和額上都要印有第一隻獸的數目。約翰特別提醒讀者要用「悟性」（十三18）來解碼，所以這數目必定有特別的隱藏意思。很多古代語言的字母也可以表示數值（例如希臘文的第一個字母alpha，其數值就是1）。把字母的數值添加到名字上，就使數字和名字聯繫在一起，能夠表達隱藏的意思。「尼祿．凱撒」原來是希臘名字，若用當時猶太人常用的亞蘭文字書寫，就會成為666這個數字。第一隻獸那從死裏復活的事實，反映當時流行於羅馬社會的謠言：話說死去已久的羅馬皇帝尼祿會復活，化身於別人身上（參專欄「啟示錄的寫作日期」，頁105～106）。

第二隻獸代表某地方的權柄，大概是指主持君王崇拜的祭司，因為亞細亞省最重要的宗教形式就是君王崇拜。公元1世紀末，以弗所成為亞細亞省崇拜皇帝多米田的大本營（全省的人都必須參與崇拜活動），為君王崇拜營造出一種風氣，每個公民都得參加君王崇拜，否則就是不忠。

7.4.4.3. 3個得勝的異象（十四1～20）

邪惡的三位一體橫行霸道並非歷史的全部，上帝的得勝和眷顧也是歷史的終結。十四章記載的3個異象都是令人雀躍和興奮的。

按字面理解，作者強調童身，可能反映了早期教會的觀念，認為單身生活是更有榮耀的。這也是保羅的看法（林前七8～9）。

與那些有666這獸的印相對的是錫安山上寫著基督和上帝的名字的144,000人（十四1～5；參七1～8）。他們被視為在天國中得到榮耀地位的「**童身**」男子（十四4），表示他們全然純潔，與任何形式的罪或偶像崇拜無關（十九4～6）。隨著的異象是3位天使的出現（十四6～13）：宣告福音，叫人類悔改；宣告「巴比倫」的傾覆（8節；這節經文為啟示錄十八章的記述埋下伏筆）；警告那些拜獸和獸像、並戴獸名的人，預告他們要遭遇可怕的結局。

第三個異象是大收割（十四14～20；另參十九11～16）。在舊約聖經裏，收割經常喻為末世審判（賽二十七12；珥三13），指對不敬虔人的審判。約翰依據約珥書三章13節，把最後審判描繪成一場雙重收割，「莊稼」（十四15）和「葡萄」（18節）的收割。

7.4.5. 上帝憤怒的七個碗（十五2～十六21）

第三個「七」的災難終於來臨了，也是所有災難的高潮，「上帝的烈怒在這七種災難中發盡了。」（十五1）作者花了相當長的篇幅（十六章）來描述這7個災難，而最特別的是那被譽為是「摩西的歌和羔羊的歌」（3節）。昔日摩西帶領以色列人離開埃及，如今羔羊帶領新以色列人離開新的、末後的埃及。7 位天使從四活物中的一位，接過盛滿 7 個災難的金**碗**來（十五 7），要傾倒在地上。這些災難與之前發生的七號筒所帶出的災難（八 7～十一 19）很相似。約翰在這裏明顯地把對歷史事件的描述，轉向敍述施逼迫者所要遭受的審判，這是他在異象中見到的、在不遠的將來發生的。

「碗」同樣象徵審判（賽五十一17～23）

1. 毒瘡（十六 2；與出埃及記第六災相似，參出九 9）；
2. 海變為血，海裏的一切活物都死了（3 節；與出七 20～21 的第一災相似）；
3. 河流和井變成血（4 節；與出七 20～21 的第一災相似）；
4. 太陽以火烤人（8～9 節；與第六災相似，參出九 22～24）；
5. 黑暗籠罩獸的座位和獸的國（10 節；與出十 21 的第九災相似）；
6. 幼發拉底河乾涸（12 節）；
7. 大地震，大城倒塌，海島和山失蹤，大冰雹落下（18～21 節；與出九 22 的第七災雹災類似）。

第七個碗所帶來的災難代表著七個印、七號筒、七個碗審判的最高峯，也代表著上帝給人類的最後的災難。上帝親自宣告說：「成了！」（十六 17）在這最後的災難中，「上帝記起了大巴比倫城」（19 節）。約翰加這句評論，是把審判和巴比倫聯繫起來，表明第七個碗包括對巴比倫的審判（十七 1～十九 10）。

7.4.6. 巴比倫受審（十七1～十九10）

天使要給約翰看那坐在眾水之上的大淫婦所受的審判（十七 1～2）。她額上寫著「奧祕的名字」，就是：「大巴比倫，世上淫婦和一切可憎之物的母！」（5節）她坐在那7座山之上（9節），是「管轄地上眾王的大城」（18節）。

巴比倫是古代美索不達米亞地區的大城。巴比倫帝國存在的日子不長，只有66年（公元前605～539年），但對區內的影響非常大。

古**巴比倫**與羅馬有一點相似的地方：兩者都攻陷耶路撒冷（公元前586年/公元70年），並毀壞了耶和華的聖殿。在舊約先知書中，巴比倫是該時代超級強權的象徵（賽四十三14～17；彌四10），而在新約聖經書卷中，巴比倫已經成為羅馬的代號（彼前五13）。在約翰的時代，所有人都知道，約翰所指的巴比倫其實就是羅馬帝國。啟示錄十分強調「淫亂」這特色，這可能反映當時羅馬帝國道德生活的敗壞，但也可能是另一種暗語：「羅馬」的拉丁文是*Roma*，倒著拼寫就是*amor*「愛」。約翰用「淫婦」這意象，可能就是「愛」的對立面了。

作者形容那淫婦和馱著她的「七頭十角的獸」為「以前有，現在沒有，以後再有」（十七8），那是刻意借用書中對上帝和羔羊的描述——「那位昔在，今在，以後永在的」（一4、18）——來形容這邪惡之根源。「七頭」既可指圍繞羅馬城的7座山，也可指奧古斯都以後的7個皇帝，而「第八個」（十七11）就是啟示錄成書時的羅馬皇帝多米田（另參專欄「啟示錄的寫作日期」，頁105～106）。至於「十個角」（2節），可能指10個羅馬分封王或羅馬以東的小國。由於政治上和經濟上的利益，「十個王」聯軍與淫婦結連（甚至與羔羊作戰），但只是「一個時辰」（12節）。最後，這「十個王」要連同獸起來敵對她（15～17節）。作者可能是引述「尼祿再生」傳說，以尼祿回來後必定率領大軍從東方回來，消滅他在羅馬的敵人作比喻。

羅馬（巴比倫）握著極大的政治權力，使地上的君王都要討好她（與她行淫）；她又掌握極大的經濟力量：行商的人在她的港口，出售他們用貨船運來的奢華商品。巴比倫的傾覆是舉世觸目的事；當地上的君王和商人因這個政治、經濟系統的傾覆而悲哀時，天上卻為此歡呼喜悅。接下來的段落(十八1～十九11)由5段詩歌組合而成，每段詩歌都著眼於巴比倫的傾覆：

- 十八2～3：是一首預言性的諷刺歌，宣告敵人的敗落(「傾覆了！大巴比倫傾覆了！」引自賽二十一9)。
- 4～8節：以「另一個聲音從天上說」帶出巴比倫將來傾覆的先知性信息，並驚嚇與這城有關係的要與之遠離。
- 9～20節：包括3段小輓歌，是由那些曾經與巴比倫有交往的人所唱的輓歌，包括君王(9～10節)、商人(11～17節上)和商船上人(17下～19節)。每首都以「禍哉，禍哉！」開首，與眾聖徒、使徒和先知的歡呼成強烈對比。
- 21～24節：強調巴比倫要受懲罰，因為「先知、聖徒，和地上一切被殺的人的血都在這城裏找到了。」(24節)天使將一塊**大磨石扔在海裏**，象徵著「巴比倫」的徹底覆亡。
- 十九1～8：這是第五段詩歌，場景轉向設立著天上寶座之處，以啟應式頌歌，慶祝對「巴比倫」的審判。

耶利米讓使者把一塊石頭丟在幼發拉底河裏，以此象徵巴比倫必要如此沉下去，永不再浮起(耶五十一63～64)。

7.4.7. 建立上帝的統治(十九11～二十二5)

羅馬統治的傾覆，標誌著上帝開始在地上建立統治的時刻開始。約翰看見耶穌坐著白馬返回地上，並擊敗獸和敵人。有一位天使將龍捆綁，並扔在無底坑中「一千年」(十九2～3；一個「千禧年」)。作者再次提及這**龍的別名**：魔鬼、撒但。在這期間，耶穌以彌賽亞的身分在地上建立他的國度。然後，

這裏所用的幾個別名與十二章9節所提到的相同，由此可以認出這就是撒但。

最後的審判來到，新天新地被建立，上帝和祂的子民，在屬天耶路撒冷裏一同居住。

7.4.7.1. 勝利的來臨（十九11～二十6）

約翰把基督描繪成得勝的戰士，他騎著白馬出現，率領天軍與獸、假先知，以及龍作戰。敵人被擊敗並逐一受到懲罰，受罰的次序與十二及十三章這些敵人出場時的次序相反。作者使用了很多描述性的稱號，並賦予基督許多特徵，這些特徵與他在拔摩海島上所見的異象相同（一 9～20）。作者又敘述獸遭到決定性挫敗，跟隨獸的王及這些王的軍隊也被基督的軍隊所殺。獸和假先知被擒後，被關進**火湖**，受永恆的痛苦（十九 19～21）。

啟示錄二十至二十一章 6 次提到「火湖」，在舊約聖經裏，火的確往往與末世審判相關。

對抗邪惡的權勢進入最後階段：一位天使把撒但丟進無底坑（陰間），要暫時拘禁他「一千年」（二十 1～3）。在這期間要有第一次的復活，但這次復活的只有殉道者，他們要與基督一同在地上作王 1000 年。之後，撒但要被釋放一段時間。

千禧年（二十 4～6）

為甚麼撒但要被困綁，然後又被釋放呢？在傳統猶太教的觀念中，人民所期待的彌賽亞都是為要復興大衛家，而這個國度是建立在地上的；這個觀念在舊約聖經和某些舊約次經文獻中最為普遍。隨著愈來愈多猶太人意識到，這個世界已腐敗到無可挽救的地步，有些猶太人認為這世界已不配成為上帝實現祂統治的舞台，因此上帝終極的統治是在另一個新的世界中出現的。然而，也有另一說法，認為在這終極統治未來之先，會有一段（暫時的）地上彌賽亞國度出現，其作用是為那個完全、永恆的神權國度的到來作鋪墊；到那時，原初的景況要永遠恢復。這段從地上過度到天上的日子，有不同的說法，有說 40 年或 400 年，也有說 7000 年，而啟示錄作者就說「一千年」。

作者大概就是借用這種猶太的末世論觀念，來鼓勵和安慰那些正面對逼迫或已殉道的信徒：若與撒但為信徒所帶來的逼迫的時日（「四十二個月」，十一 2，十三 5）相比，上帝賜予的，是「一千年」安定的日子。就著這樣的相比，約翰便提到：

- 兩次最後決戰（十九 11～21，二十 7～10）；
- 兩次得勝撒但（二十 1～3、10）；
- 兩次復活（二十 4～6、12～13）；
- 兩次審判的情境（二十 4、12～13）；
- 兩個蒙福的國度（二十 4，12）。

那麼，這「一千年」所對應的歷史處境是甚麼呢？這問題學者沒有共識，但較多人贊同的看法是，這 1000 年是指從基督復活後到基督再來的整個教會歷史。這說法可追索至偉大的教父奧古斯丁（Augustine）。

在新約聖經裏，有提及最後審判的經文（參太十九 28；林前六 2～3；提後二 12）但都沒有清楚指出有「一千年」這過度時期。較為清晰的是保羅在哥林多前書十五章討論復活的次序時，他說：「但各人是按著自己的次序復活：初熟的果子是基督；然後在他來的時候，是那些屬於基督的。再後，終結到了，那時基督既將一切執政的、掌權的、有權能的都毀滅了，就把國交給父上帝。因為基督必須掌權，等上帝把一切仇敵都放在他的腳下。」（23～25 節）按保羅說，這個王國持續一段時間（具體時期不定）後，基督要把統治權轉交給上帝，彌賽亞王國到此就結束了。

7.4.7.2. 撒但得釋放、被擊敗（二十7～15）

撒但被釋放以後，再次從地上（**歌革和瑪各**）列國中糾集軍隊，要作最後一搏，意圖在錫安山消滅千禧年王國（二十 7～9）。然而，從天上來的審判，給撒但及其軍隊以致命性打擊。撒但失敗後，跟之前的獸和假先知一樣，也被

歌革和瑪各兩個名字出自以西結書三十八至三十九章，統稱所有與以色列為敵、想要消滅上帝的百姓、但卻無功而返的外邦人。

永遠關進火湖(二十 10)。11 至 15 節採用傳統的末世象徵描寫末日審判(參《以諾一書》90.20「我繼續觀看，見到有寶座被立在一處美麗的地方；羊的上主坐在寶座上；他把所有被封上印的書卷拿來，並在羊的上主面前打開這些書卷。」參但七 10；瑪三 16)。這次審判主要是包括那些已死的人。無論義人抑或惡人，都要站在上帝的寶座前等候判決。在寶座前展開了多份案卷，但約翰特別提及生命冊(啟二十 12；參十三 8，十七 8，二十一 27)。大概那些案卷記載人的惡行，而另一卷記載人的義行。

7.4.7.3. 新天新地、新耶路撒冷（二十一1～二十二5）

約翰看見一個新天新地，代替了先前的天地，因為先前的天地已經「過去了」(二十一 1)。自然世界的生老病死循環都要過去，上帝要與人同住，回復太初的情境。奇怪的是，如此巨大的宇宙變遷，約翰只用兩句話一筆帶過。可見這並非焦點，新天新地主要是帶出新耶路撒冷。5 至 8 節是上帝宣告的最高潮，這句話總結了啟示錄的核心信息，並且以上帝自己來保證：凡得勝的，也就是那些持守上帝的道並耶穌所作的見證的，都要成為上帝的兒女，得享永恆的福氣；而那些沒有離棄罪惡道路的人則要受刑罰，承受永遠的痛苦。

接著，那比喻上帝子民居所的新耶路撒冷，以新娘、羔羊的妻子的身分從天降下。作者用了非常詳盡的筆觸對此作了細膩的刻劃。這些細節表明，新娘象徵上帝子民(二十一 9～二十二 5)。新耶路撒冷城有 12 個門，門上有以色列十二支派的名字(參結四十八 30～34)。這座城是一座堅固的**四方形**的一座城，悅目耀眼，充滿無限的榮耀。

以西結書（四十二16～20）描寫的末世聖殿也是正方形的。

最值得留意的是城的場景，是一個伊甸園的境像：代表上帝臨在的寶座、河流、結果子的生命樹。

救恩的最終目標現在終於實現（二十二 3～5），上帝的僕人終於能見到上帝了，這意味著他們要分享上帝的聖潔和公義。他們額上寫著上帝的名字，因為他們永永遠遠屬於上帝。他們要與上帝永遠一同作王（5 節）；而在先前的千禧年國度中，只有 144,000 殉道者與基督一同作王（二十 4）。

7.4.8. 結語（二十二6～21）

約翰在天使的帶領下，遊歷完新耶路撒冷後，引導他的天使和耶穌給他最後的囑咐。這段結語肯定地指出，書上的話是「可信靠的，是真實的」（二十二 6），是耶穌藉天使傳的。結語中 5 次保證書上所描述的這些事件，即將發生（6、7、10、12、20 節）。

約翰提到「加添……刪去」（18 節），表示他要宣稱這啟示已完全，並要給全書蓋印。若有人篡改預言上的內容，必受到懲罰，這人或要親自遭受書中所描繪的災禍，或要被拒絕於聖城之外。

啟示錄摘要

信息：主要處理 3 個問題：苦難、上帝子民的救恩，以及上帝對羅馬帝國的憤怒（審判）。

作者：一位名叫約翰的人（一 1、4、9）；傳統一般認為他就是使徒約翰，也就是西庇太的兒子（太十 2）。

寫作日期：約公元 95 年。

收信人：羅馬帝國屬下亞細亞行省的 7 間教會，這些教會既有忠心一面，也有其敗壞的一面。

大綱

A. 引言（一 1～3）

B. 給 7 個教會的書信（一 4～三 22）

a. 問安（一 4～8）

b. 約翰受託的異象（一 9～20）

c. 給 7 個教會的信（二 1～三 22）

C. 末世的異象（四 1～二十二 5）

a. 異象的前奏（四 1～五 14）

b. 七個印（六 1～八 5）

c. 七號筒（八 6～十一 19）

D. 最大的逼迫（十二 1～十四 20）

a. 婦人、孩子與龍（十二 1～18）

b. 兩隻獸（十三 1～18）

c. 3 個得勝的異象（十四 1～20）

E. 上帝憤怒的七個碗（十五 1～十六 21）

F. 巴比倫受審（十七 1～十九 10）

G. 建立上帝的統治（十九 11～二十二 5）

a. 勝利的來臨（十九 11～二十 6）

b. 撒但得釋放、被擊敗（二十 7～15）

c. 新天新地、新耶路撒冷（二十一 1～二十二 5）

H. 結語（二十二 6～21）

溫習及思考問題

1. 啟示錄內容哪方面像是書信體裁？它為何又屬於天啟文體？天啟文體作品可分為哪兩大類別？啟示錄屬於這兩類中的哪類？天啟文體有何特徵？試引啟示錄經文為例。
2. 早期教父如何論述啟示錄的作者及寫作日期？此書是在甚麼社會背景下寫成的？作者寫此書的目的何在？
3. 作者寫信給 7 間教會，這 7 間教會於當時代是否確實存在？抑或有另一種意思？你對他們的觀點有何看法？作者以甚麼原則來揀選這 7 間教會作為他寫信的對象？
4. 在寫信給 7 間教會時，為何作者將偶像崇拜與淫亂連在一起？在作者所寫的 7 封書信中，他如何描述基督？這些描述使你對基督有何更新的認識？
5. 約翰所看見的異象是由哪 3 個「七」組成？作者藉著甚麼手法將「七個印」、「七枝號筒」、「七碗」引入內文？這些異象所顯示的事情，是否按時序發生？你的看法如何？
6. 作者在描述異象之時，往往加插敬拜的場景，其意義何在？「羔羊」這名詞在啟示錄有何特別意義？
7. 試描述「七個印」的異象。這異象主要帶出的信息是甚麼？這些事情發生了沒有？你如何看這些異象？「七枝號筒」異象的內容是甚麼？
8. 「四十二個月」、「一千二百六十天」背後的意義是甚麼？啟示錄所提及的數字，是否全都有特別意義？其意義是甚麼？你如何理解這些數字？
9. 異象中的婦人、孩子與龍比喻甚麼？作者要藉此帶出甚麼信息？作者所指「龍」這觀念是從哪裏來的？牠有多少個別名？這些別名有何意義？海獸與地獸這兩頭獸指甚麼？牠們的結局如何？
10. 「七碗」之災在哪些方面與出埃及的十災相似？在獸與淫婦的異象中提到的「巴比倫」，究竟比喻甚麼？作者要藉這異象帶出甚麼信息？
11. 作者如何藉 5 段詩歌的組合，描述巴比倫的傾覆？對你而言，這些描述是否太苛刻？
12. 作者如何描述勝利的來臨？所指的「一千年」有何意義？作者所描述的新天

新地是怎樣的？作者最後如何撰寫結語？這結語如何表明啟示錄此書的真實性，以及指出它的完整性？

聖經通識叢書

兼顧學術研究的精確和執著，
並教會信徒生活上的實踐。

聖經鳥瞰

為您精簡而全面地展現聖經的本體與其來龍去脈

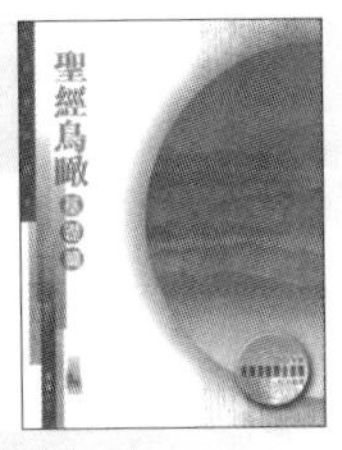

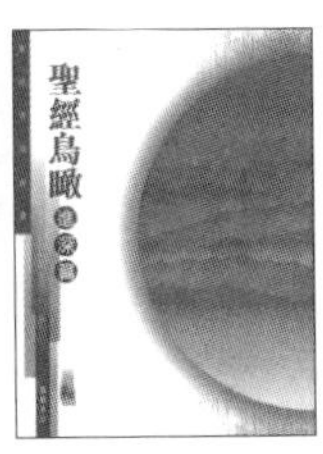

基礎篇 黃錫木 著／HK$93

進深篇 黃錫木 著／HK$68

聖經書卷要領

助您宏觀同類的聖經書卷

舊約先知書要領 黃嘉樑、梁國權、雷建華 著／HK$98

耶穌生平與福音書要領 孫寶玲、黃錫木 著／HK$98

使徒行傳與保羅書信要領 張達民、黃錫木 著／HK$98

希伯來書、大公書信與啟示錄要領 張略、黃錫木 著／HK$88

聖經書卷析讀

助您進深分析個別聖經書卷的內容和信息

在曠野中與上帝同行——民數記析讀 黃嘉樑 著／HK$168

建立新世代——申命記析讀(卷上) 賴建國 著／HK$138

建立新世代——申命記析讀(卷下) 賴建國 著／HK$138

剛強壯膽回應上帝的應許——約書亞記析讀 黃嘉樑 著／HK$163

背約沉淪的循環軌迹——士師記析讀 吳獻章 著／HK$148

以敬以虔活在當下——傳道書析讀 吳慧芬 著／HK$138

愛的審判與生命的應許——耶利米書析讀 熊潤榮 著／HK$168

在上帝裏(不)能承受的創傷——約拿書析讀 黃嘉樑 著／HK$128

與人同在的彌賽亞君王——馬太福音析讀(卷上) 黃漢輝 著／HK$128

與人同在的彌賽亞君王——馬太福音析讀(卷下) 黃漢輝 著／HK$128

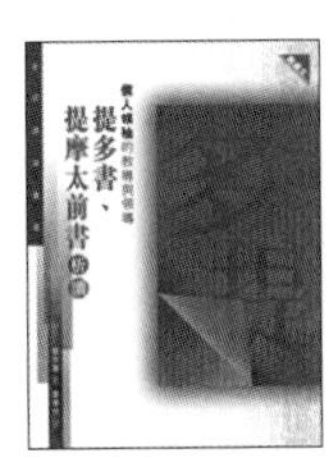

奔走風塵的僕人——馬可福音析讀 張略、黃錫木 著／HK$118

逆轉人生的上帝之子——路加福音析讀 孫寶玲 著／HK$128

道成為人的耶穌——約翰福音析讀 吳道宗 著／HK$138

風起雲湧的初代教會——使徒行傳析讀 張達民、黃錫木 著／HK$98

情理之間持信道——加拉太書、帖撒羅尼迦前後書析讀 張達民、郭漢成、黃錫木 著／HK$98

同歸於一得基業——以弗所書析讀 郭漢成、劉聰賜 著／HK$128

連於基督走窄路——歌羅西書析讀 曾思瀚 著／蘇慧中 等譯／HK$108

僕人領袖的教導與領導——提多書、提摩太前書析讀 曾思瀚 著／曾景恒 譯／HK$138

擁抱危機的事奉傳承——提摩太後書析讀 曾思瀚 著／曾景恒 譯／HK$98

其他出版

讓您多方、多向，更完整地研讀聖經

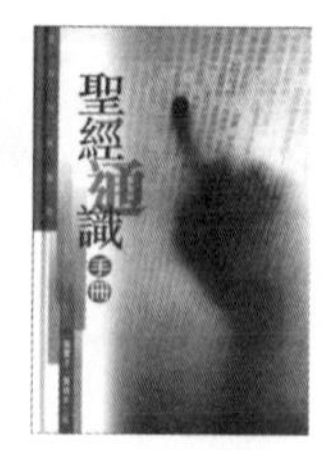

憑祢恩言——實用基督徒生活手冊 郭鴻標、黃錫木 主編／HK$108

聖經通識手冊 羅慶才、黃錫木 主編／HK$188

緊扣時代 服事教會

以文字傳揚基督真道

讀者意見表

衷心多謝你購買本社書籍。本社一直致力以出版事工服事教會，幫助信徒扎根於神的話語，促進靈命增長。為使我們的出版更能滿足你的需要，請填寫下列各項資料，並寄回或傳真予本社。

所購書籍：________________

本書最吸引你的地方：
□作者 □適切性 □文筆 □設計 □實用性
□其他：________________

購買本書地點：
□基道書樓 □基督教書店 □非基督教書店

性別：□男 □女 職業：________

信仰：□基督徒 □非基督徒

年齡：□ 16 歲或以下 □ 17～25 歲 □ 26～35 歲
□ 36～55 歲 □ 56 歲或以上

學歷：□中三或以下 □中五 □預科
□大學 □研究院

□我欲更多了解基道出版社的事工及考慮支持，請寄給我下列資料：
□機構簡介 □新書資料 □基道會員通訊
□《基道文字事工通訊》

姓名：________________電話：________

地址：________________

____

傳真：________ 電子郵件：________

其他意見：________________

____

多謝賜教！

基道出版社

意見表可以傳真（2687-0281）或直接郵寄以下地址：
香港沙田火炭坳背灣街26號富騰工業中心1011室
基道出版社編輯部收